Max Ziegler

Über Sprache und Alter des von Robert de Boron verfassten Roman du Saint Graal

Max Ziegler

Über Sprache und Alter des von Robert de Boron verfassten Roman du Saint Graal

ISBN/EAN: 9783743486881

Hergestellt in Europa, USA, Kanada, Australien, Japan

Cover: Foto ©ninafisch / pixelio.de

Manufactured and distributed by brebook publishing software (www.brebook.com)

Max Ziegler

Über Sprache und Alter des von Robert de Boron verfassten Roman du Saint Graal

ÜBER SPRACHE UND ALTER

DES VON

ROBERT DE BORON

VERFASSTEN

ROMAN DU SAINT GRAAL.

INAUGURAL-DISSERTATION

ZUR

ERWERBUNG DER PHILOSOPHISCHEN DOKTORWÜRDE

AN DER

UNIVERSITÄT LEIPZIG

VON

MAX ZIEGLER

AUS

WALTERSHAUSEN.

GOTHA
STOLLBERGSCHE BUCHDRUCKEREI
1895

Mit genehmigung der facultät erscheint die vorliegende abhandlung ohne die reimverzeichnisse und ohne den die sprache der überlieferten mundart zusammenfassend behandelnden teil.

MEINEN ELTERN.

Inhalt.

	pag.
1. Vorwort	1
2. Litteraturnachweise	2
3. Sprache des Roman du Saint-Graal	5
I. Versbau, A. Reim	7
B. Silbenzählung	12
II. Lautlehre, A. Vocalismus	22
A	22
E	27
I	29
O, Ou, Eu	32
U	36
Ai und Ei	36
Ie	39
Oi	42
Ui	44
Au, iau	46
Eu, ieu, iu	47
B. Consonantismus: 1. Liquide	48
2. Nasale	51
3. Gutturale	52
4. Dentale	55
5. Labiale	58
III. Formenlehre.	
1. Declination, A. Nomen, Substantivum	59
Adjectivum	65
B. Pronomen, a. Personalpronomen	67
b. Possessivpronomen	68
c. Demonstrativpronomen	70
d. Relativpronomen	72
e. Artikel	72
2. Conjugation, I. Personen	73
II. Modi	78
III. Tempora	79
IV. Zusammenfassung:	
1. Sprache des Verfassers	83
2. Datierung des Denkmals	93
Textcritik	96

Lebenslauf.

Ich, Max Ziegler, evang. confession, bin geboren am 19. januar 1870 als sohn des rentiers Franz Ziegler zu Waltershausen. Den ersten unterricht erhielt ich auf der bürgerschule meiner vaterstadt, die vorbereitung zum besuch des gymnasiums durch privatlehrer. Ostern 1884 trat ich in die tertia realis des Gymnasium Ernestinum zu Gotha ein und verliess dasselbe mit dem zeugnisse der reife 1889. Ich bezog die universität Leipzig, um zunächst cameralwissenschaften und neuere sprachen zu studieren, wandte mich jedoch später nur dem studium der letzteren in verbindung mit dem der germanistik zu. Im sommersemester 1891 studierte ich in Marburg, im sommersemester 1893 in Lausanne, die übrigen semester in Leipzig. Ich besuchte vorlesungen und übungen der herren professoren und dozenten André, von Bahder, Bergmann, Biedermann, Birch-Hirschfeld, Bonnard, Ebert†, Flügel, Heinze, Hermann, Klincksieck, Körting†, Kretzschmar, Masius†, Millioud, de Molin, Paul, Renard, Richter, Roscher†, Schirmer, Schröder, Settegast, Sievers, Stansfield, Stengel, Stosch, Vietor, Warschauer, Weigand, Wülker, Wundt, Zarncke†.

In Leipzig gehörte ich dem romanischen seminar (prof. Birch-Hirschfeld) drei semester als ordentliches, zwei semester als ausserordentliches mitglied an, dem englischen seminar (prof. Wülker) zwei semester als ordentliches, vier semester als ausserordentliches mitglied, dem kgl. deutschen seminar (proff. Sievers, von Bahder) zwei semester als ordentliches, ein semester als accessorisches Mitglied. Zwei semester besuchte ich das kgl. pädagogische seminar.

Allen meinen lehrern sage ich aufrichtigsten dank, besonders herrn prof. Birch-Hirschfeld, dessen anregung ich diese arbeit verdanke und dessen freundliche teilnahme sie stets begleitet hat, sowie den herren professoren Sievers und Wülker für die wesentliche förderung und mannigfache anregung in meinen studien.

Vorwort.

Zweck der vorliegenden arbeit ist der *versuch einer dialect- und alters-bestimmung des von Robert de Boron verfassten „Roman du Saint-Graal"* und zwar losgelöst von dem namen des verfassers, seines von ihm vers 3490/91 genannten dienstherrn Gautier de Mont-Belyal, und von den beziehungen zu den übrigen gralromanen, lediglich *auf grund des sprachlichen materials*.

Über den Roman du St.-Graal Roberts ist schon oft gearbeitet worden, und die verschiedenartigsten ansichten begegnen sich hinsichtlich seiner heimat.[1] Bei allen erörterungen über dieselbe ist jedoch eine ausführlichere sichtung des sprachlichen materials nicht vorgenommen worden, und bei allen versuchen der fixierung hat man sich begnügt, auf einzelne hervorstechende merkmale hinzuweisen.

In hinblick auf die anerkannt bedeutende stellung des romans im kreise der gralsdichtungen und bearbeitungen der gralssage ist daher eine grammatische darstellung der sprache von Robert de Boron vielleicht nicht ohne wert und die art der untersuchung wird nicht unberechtigt erscheinen, zumal trotz der ausführlichen abhandlung R. Heinzels „über die französischen gralsromane, Wien 1891" und der kritik und eingehenden bemerkungen von H. Suchier, zs. f. rom. phil. XVI, p. 272 die fixierung des verfassers noch nicht als vollendet zu betrachten ist.

Allerdings wird auch die hier vorliegende arbeit nicht bis zu diesem ziele gelangen, sondern sie wird sich, wie bereits gesagt, auf die fixierung und datierung des denkmals an sich beschränken; die aus der sprache gewonnenen resultate in beziehung zu dem namen und den persönlichen anspielungen

---

[1] *Fr. Michel*, Le Roman du St.-Graal, einleitung p. XII. *P. Paris*, Les Romans de la Table Ronde, I, 110, Romania I, 477. *Hucher*, Le Saint-Graal I, 34. *Koschwitz*, zs. II, 417. *Weidner*, Joseph v. Arimathia. *Suchier*, zs. XVI, 272.

Robert's de Boron zu setzen, bleibt ausser dem rahmen dieser arbeit und einer weiteren untersuchung vorbehalten.

Der Roman du Saint-Graal, enthalten im manuscript der Bibliothèque royale, Saint-Germain françois No. 19587, ist von Francisque Michel, 1841, herausgegeben worden, und zwar stand uns von dem im allgemeinen sehr sorgfältigen abdrucke der handschrift ein von Herrn Prof. Birch-Hirschfeld collationiertes exemplar zu gebote.

Folgende *Ausgaben* und *Abhandlungen* sind bei dieser untersuchung benutzt worden:

Abkürzungen:

Albert, Die Sprache Philippe's de Beaumanoir. 5. heft der Münchener Beiträge, 1893.	-*Albert*
Andresen, Über den Einfluss von Metrum, Assonanz und Reim auf die Sprache der afz. Dichter.	-*Andresen*
Apfelstedt, Lothringischer Psalter, Afz. Bibl. IV.	-*Apfelstedt*
Auler, Der Dialect der Provinzen Orléanais und Perche im 13. jh. Strassbg. 1888.	-*Auler*
Bächt, Sprachl. Untersuchung von Huon de Bordeaux. Erlangen 1884.	-*Bächt*
Burgass, Darstellung des Dialects im XIII. scl. in den Départements „Seine Inférieure u. Eure (Haute Normandie)". Halle 1889.	-*Burgass*
Burguy, Grammaire de la langue d'oïl. Paris-Berlin 1859.	-*Burguy*, Gram.
Fr. Diez, Grammatik der Romanischen Sprachen V. Aufl. Bonn 1882.	-*Diez*, Gram.
W. Dittmer, Die Pronomina Possesiva im Altfranz. Greifswald 1888.	-*Dittmer*
J. Ellenbeck, Die Vorton-Vocale in franz. Texten bis zum Ende des XII. jhs. Strassburg 1884.	-*Ellenbeck*
W. Förster, Aiol et Mirabel u. Elie de Saint-Gille, Heilbronn 1876—82.	-*Förster*, Aiol
— Li Chevaliers as II espées. Halle 1877.	-*Förster*, Chev. as II esp.
— Cliges von Christian von Troyes, 1884, Halle.	-*Förster*, Cliges
— Li Dialoge Gregoire lo Pape, 1876, Halle.	-*Förster*, Dial. Greg.
— Lyoner Yzopet, Altfranz. Bibliothek VI.	-*Förster*, Lyon Yz.
— Richars li Biaus, Wien. 1874,	-*Förster*, Rich. li biaus

Friedwagner, Über die Sprache des altfranz. Heldengedichts Huon de Bordeaux, Neuphil. Studien, Heft VI. Paderborn 1891.	*-Friedwagner*
Gengnagel, Die Kürzung der Pron. hinter vokal. Auslaut im Altfranz. Halle 1882.	*-Gengnagel*
Görlich, Die südwestlichen Dialecte der Langue d'oïl. Französ. Studien, III. Band. 2. Heft 1882.	*-Görlich*, südw. Dial.
— Die nordwestlichen Dialecte der Langue d'oïl. Franz. Studien, V. Band, 3. Heft 1886.	*-Görlich*, nordw. Dial.
Gröber, Grundriss der Roman. Philologie	*-Gröber*, Grdr.
Haase, Das Verhalten der pikard. u. wallonischen Denkmäler des Mittelalters in bezug auf a u. e vor gedecktem n.	*-Haase*
Hossner, Zur Geschichte der unbetonten Vocale i. Altfranz. u. Neufranz. Freiburg 1886.	*-Hossner*
Jenrich, Die Mundart des Münchener Brut. Halle 1881.	*-Jenrich*
Kehr, Über die Sprache des Livre des Mannières des Etienne von Fougères. Bonn 1884.	*-Kehr*
Knauer, Zur altfranz. Lautlehre. Programm des Nicolai-Gymnasiums in Leipzig. 1876.	*-Knauer*, Progr.
Koschwitz, Commentar zu den ältesten Sprachdenkmälern 1888.	*-Koschwitz*, Comm.
— Überlieferung und Sprache der Chanson du Voyage de Charlemagne.	*-Koschwitz*, Charl.
Krull, Gui de Cambrai, eine sprachliche Untersuchung.	*-Krull*
Link, Über die Sprache der Chronique rimée von Philippe Mousket.	*-Link*
Lorentz, Die Erste Person Pluralis des Verbums im Altfranz. Heidelberg 1886.	*-Lorentz*
Lücking, Die ältesten französischen Mundarten.	*-Lücking*
Mall, Der Computus des Philipp von Thaun. Strassburg 1873.	*-Mall*, Comp.
Metzke, Der Dialect von Ile de France (in Herrigs Archiv, Bd. 64 u. 65).	*-Metzke*, Arch. 64 u. Arch. 65
Meyer, an et en toniques: Memoires de la Société de Linguistique de Paris, I, 244.	*-Meyer*, an et en toniques
Meyer-Lübke, Grammatik der Romanischen Sprachen.	*-Meyer-Lübke*
Nathan, Das latein. Suffix -alis im Französischen	*-Nathan*

Neumann, Zur Laut- und Flexionslehre des Altfranzösischen. — *Neumann*

G. Paris, Vie de St. Alexis. 1887. — *Paris,* Alex.

Raynaud, Etude sur le dialecte picard dans le Ponthieu, 1886 (Bibl. de l'Ecole des Chartes XXXVII). — *Raynaud*

Röhr, Der Vocalismus des Franzischen im 13. jh. Halle 1888. — *Röhr*

F. Settegast, Benoit de Sainte-More; über Identität des Verfassers des Rom. de Troie und der Chonique des ducs de Normandie. — *Settegast,* Benoit

Schultzke, Betontes $\bar{e}+i$ u. $\bar{o}+i$ in der normannischen Mundart. — *Schultzke*

Suchier, Zur Mundart des Leodegar-Liedes, Zeitschrift für rom. Phil. II. 255. — *Suchier,* zs. II,

— Aucassin und Nicolete, 3. Auflage. Paderborn 1889. — *Suchier,* Auc.

— Reimpredigt, Bibliotheca Normannica I. Bd. 1879. — *Suchier,* Reimpredigt

— Altfranz. Grammatik. Halle 1893. — *Suchier,* Gram.

Schwan, Grammatik des Altfranzösischen. II. Auflage 1893. — *Schwan*

Thurneysen, Das Verbum „être" und die franz. Conjugation. Halle 1882. — *Thurneysen*

Tobler, Vom französischen Versbau alter und neuer Zeit. II. Aufl. 1883. — *Tobler,* Versbau

— Li dis dou vrai aniel. II. Aufl. 1884. — *Tobler,* Vrai Aniel

Uhlemann, Über die anglonormannische Vie de Saint Auban, Strassbg. 1886. (Die vollständige Arbeit in Böhmers Rom. Stud. IV.) — *Uhlemann*

Vising, Etude sur le dialecte anglonormand. du XIIe siècle. Upsala 1882. — *Vising,* Etude

Vollmöller, Der Münchener Brut, herausgeg. v. Hofmann-Vollmöller. — *Vollmöller,* Brut

Nat. de Wailly, Mémoire sur la langue de Joinville; Bibl. de l'Ecole des Chartes, 6. serie, tome IV. — *Wailly,* Joinville

Zemlin, Der Nachlaut i in den Dialecten Nord- und Ost-Frankreichs. Halle 1881. — *Zemlin*

Die in zeitschriften, sammelwerken erschienenen aufsätze sind am betr. orte citiert unter benutzung der bekannten abkürzungen. —

Die Sprache

des

Roman du Saint-Graal.

I. Versbau.
A. Reim.

Der nur fragmentarisch überlieferte Roman du St. Graal besteht aus 4018 paarweise gereimten achtsilbnern, von denen 3094 männlichen, 924 weiblichen versausgang haben. Freymond hat in seiner arbeit „Üb. den reichen Reim bei afz. Dichtern", Zs VI, 1 u. 177 ff. auch die diesbezüglichen verhältnisse unseres romans in kürze angegeben, p. 24; bei der in anlehnung an diese arbeit vorgenommenen reimuntersuchung ergaben sich allerdings nur annähernd die prozentziffern Freymonds für die genügenden männlichen reime (I), die reichen männlichen reime mit stützconsonant (III) und die p. 20 nach ihrer qualität unter D. begriffenen reime; doch werden die differenzen ausgeglichen, sobald die bindungen von mouilliertem und reinem *l* u. *n*, die wir zu den genügenden reimen stellten, zu den reichen reimen gezogen werden. Ohne dieses, verteilen sich die reime folgendermassen:

- I. 1184 genügend männliche reime — 58,93 %
- II. 397 genügend weibliche reime — 19,76 %
- III. 250 männliche reime mit stützconsonant — 12,44 % wie z. b. 35 *bontez : biautez*.
- IV. 94 männliche reime, in denen „der gleichlaut mit dem vokal der vorletzten silbe beginnt" — 4,68 % z. b. 101 *humanité : humilité*;

inbegriffen sind hierbei die nicht ganz reinen leoninischen reime: 7 *envoieroit : soufferroit*; 917 *verrunt : serunt*; 2639 *apelera : verra*; 3151 *afferroit : doubleroit*; 3675 *ouverroit : esploiteroit*;

V a. 44 weibliche reime mit stützconsonant — 2,19 % z. b. 95 *semble: ensemble*, 313 *afeire: feire*;

V b. 18 männliche reime, in denen „der gleichlaut mit dem vor dem vokal der vorletzten silbe stehenden cons. beginnt", z. b. 63 *mandé: commandé* — 0,89 %;

VI. 22 reime, deren gleichklang sich auf mehr als zwei silben erstreckt z. b. 2775 *ta venue: avenue* — 1,09 %

nach der *qualität* geordnet, sind an reichen reimen vorhanden

A. 207, in denen „der reiche reim entsteht durch bindung von wörtern mit gleichen flexions- und formationselementen" — 10,30 % z. b. 67 *avras: apeleras*; 167 *commandement: communalment*; und zwar enthalten mehr als $^4/_5$ dieser reime futur- und conditionalformen.

B. 12, deren reimwörter „gleichen stammes sind und deren bedeutungen nicht weit auseinandergehen". — 0,59 % z. b. 313 *afeire: feire*, 2519 *assis: je sis*.

C. 11 reime, in denen die „reimwörter gleichen stammes sind, ihre bedeutungen die identität des stammes nicht zu leicht erkennen lassen, sondern der schein entsteht, es liegen verschiedene blos zufällig homonyme stämme zu grunde; bindungen von simplex und compositum, deren bedeutungen sich so verhalten, dass ihre verschiedenheit sich nicht aus der verschiedenheit noch lebender suffixe allein erklärt", z. b.: 2425 *pris: mespris*; 621 *deceü: aperceü*; 1455 *avint: couvint* — 0,55 %;

D. 198 reime, in denen „die reimwörter verschiedenen stämmen angehören und wo der gleichlaut in die stammsilben eingreift", z. b.: 11 *conte: conte*; 35 *bontez: biautez*; 83 *enfer: Lucifer* — 9,85 %.

Ist der prozentsatz der reichen reime von 21,29 % nun auch gering zu nennen, so lässt sich andrerseits ein gewisses bemühen des dichters, dem reim einen ausgedehnteren gleichklang zu geben oder wenigstens den schein des reichen reimens zu wahren[1], nicht verkennen. Hierher möchten wir zu erst

---

[1] Tobler, Versbau p. 122.
[2] Stellt man diese bindungen zu III, so corrigieren sich die prozentziffern von I in *58,58*; III in *13,99*; D. in *10,40*.

die bereits erwähnten bindungen von mouilliertem und reinem *l* oder *n* stellen²; es sind für *l : l̃* 937 *bailla : pris l'a;* 1279 *ala : merveilla;* 2248 *merveillié : lié;* 2903 *merveilla : apela;* 3883 *merveilla : palla;* für *n : gn.* 27 *seigneur : honneur,* 261, 451, 2553; 2153 *mena : enseigna;* 3927 *retenoit : enseignoit;* ferner bindungen von *c : s* 1705 *ocis : ainsis;* 3515 *courciez : brisiez;* 3529 *brisies : depecies;* 3969 *pucele : demmoisele;* 3571 *séuns : percéuns;* *s : z* in 2979 *sire : sanz ire;* *ss : s* 937 *leissa : les ha;* 2667 *poisson : uns hon;* *g : ch* 117 *mengié : pechié;* 925 *forjugié : trichié;* 1447 *messagier : touchier;* vielleicht entspringen einem solchen streben auch die häufigen bindungen der dentalen media und tenuis:

195 *estoit : respondoit;* 517 *departirent : attendirent;* 631 *gardé : verité;* 645 *osta : commanda;* 735 *demandoit : estoit;* 753 *Paradis : chetis;* 1069 *dire : martire;* 785 *batirent : pendirent;* 885 *conquestées : soudées;* 1029 *maladies : anties* 1065; 1101 *respondu : tu;* 1167 *demandé : verité;* 1469 *demandé : poesté;* 1641 *demandé : aporté;* 1761 *mandé : apresté;* 1877 *mander : giter;* 2013 *osté : regardé;* 2069 *entendu : tu;* 2079 *commandé : enhorté;* 2235 *convertist : entroduist;* 3109 *descendera : aportera;* 3127 *arrestera : atendera;* 3845 *dire : avoutire;* 3981 *aventures : dures.*

Allerdings können sie sich auch ungesucht ergeben haben. Das gleiche müssen wir zu den *paronymen* oder *doppelreimen* bemerken, doch scheint deren zahlreiches vorkommen für bewusste verwendung dieser reimart zu sprechen. z. b.

85 *no pere : no mere;* 3601 *de pere : de mere;* 255 *valoit : amoit;* 335 *une chose : je n'ose;* 503 *Arymathie : haschie;* 845 *maintenant : devant;* 975 *envolepa : acheta;* 917 *amis : jadis;* 1201 *assouaga : tressala;* 1375 *escouté : trouvé;* 1511 *doutez : voulez;* 1679 *la mist : la vist;* 1875 *les fist : les mist;* 1929 *une nouiz : une vouiz;* 2045 *ta vie : Arymathie;* 239 *labourer : rebouler;* 2665 *user : durer;* 3067 *ne soit : ne voit;* 3373 *à toi : à moi;* 3507 *par soi : par moi;* 3509 *à tant : sachant;* 3943 *à moi : ma foi;* 3749 *avoit : amoit;* 3747 *se tint : revint;* ähnlich in 281, 571, 633, 1363, 679, 719, 905, 1161, 979, 1627, 1635, 2033, 2129, 2161, 2349, 2481, 2633, 2683, 2965, 3139, 3521, 3373, 3405, 3517, 3569, 3589, 8655, 3167, 3881, 3951.

Nahe liegt die beabsichtigte erweiterung des gleichklangs auch in reimen wie 437 *soufrir : seignourir;* 2113 *moustré : demouré;* 2613 *demourer : sejourner;* 3471 *recouvrez : retrouvez;* 3621 *labourer : recouvrer;* 1571 *boutée : retournée,* 2957 *atournée : esprouvée;* während bei andern mit weniger

vollem vokalischen element der vorhergehenden silbe wohl
wieder mehr dem zufall rechnung zu tragen ist:

 149 *guenchir : venir*; 291 *volentiers : deniers*; 677 *vestir : gesir*;
891 *servir : remerir*; 927 *venchu : retenu*; 1121 *entendu : venu*, 3149:
retenu; 1341 *pesoit : estoit*; 1367 *leens mis : enquis*; 3771 *penez : pourpensez*.

Weiter ins versinnere hinein erstreckt sich der doppelreim
2521 *je i mengei : qu'i menei*; 3365 *sera venuz : sera renduz*;
3889 *et de leur mere : et de leur frere*; rein zufällig ist hierbei
in 3889 der binnenreim *Et de leur pere et de leur mere*,
wie diese reimart überhaupt in afz. nichtstrophischen gedichten
nur unbewusst auftritt.

Von den übrigen reimarten ist, um reichen reim zu erzielen, öfters der **gebrochene reim** verwandt cf.

 151 *rememberrei : povoir ei*; 1129 *estranges hon : prison*;
1233 *dire ha : pourra*;   1683 *l'eut : pleut*;
3683 *povoir ei : vourrei*;   3999 *femmes unt : sunt*;
277 *de pute eire : teire*;   439 *d'ire : dire*, 3065, 3757.
  3035 *donnei-ge : lignage*; 937, 3711, 2667 siehe oben.

In *leoninischen* reimen z. b. 43 *amere : sa mere*; 1957
meffeit : le feit; 2143 *comme lui : abeli*; 2775 *ta venue : avenue*; 3961 *en vie : envie*.

Den **grammatischen reim** finden wir vollständig nur
869 ff: *garderas : commanderas; garder : commander* und
933 ff: *escrites : dites; escrit : dit* vertreten.

Dagegen können verschiedene reimpaare auf eine neigung
des dichters zu derartigen reimkünsteleien schliessen lassen:

 1985 *octistes : méistes; batimes : méismes.* — 2097 *plurent : plurent;
plut : fust.* — 847 *aras : garderas; garder : donner.* — 889 *verra :
savera; sai : sarai.* — 1325 *pourroie : celeroie; celer : prouver.* —
2501 *feras : metras; mest : pleist.* — 483 *dist ha : resuscitera; susciter : livrer; oster : delivrer;* —

in welchem letzteren reim sogar *verschränkter* reicher reim
vorliegen würde. Allerdings kann ja in allen diesen fällen
mangel an sprachgewandtheit die unmittelbare wiederholung
desselben reimwortes veranlasst haben.

Sehen wir so, dass Robert de Boron sich einerseits bemüht,
reich zu reimen, sogar neigung zu reimkünsteleien verräth, so
muss andrerseits die beträchtliche menge genügender reime
auffallen, deren gleichklang sich a) auf den tonvokal und den

ihm folgenden consonanten und b) schliesslich auf den tonvokal allein beschränkt, ohne dass einer der sechs fälle vorliegt, in denen sich die dichter mit genügendem reim begnügen können. (cf. Freymond, a. a. o. p. 30—34.) z. b.

a) 901 *ostas : couchas*; 3027 *ostas : lavas*; 20 *Maufes : boutez*; 289 *volez : prenez*, 377, 387, 399 etc. (47 mal); 2041 *apris : voussis*; 2055 *enquis : apris*; 2433 *présis : nasquis*; 3635 *ennemis : entrepris*; 1925 *resurrexis : ennuis* 3021, 3381; 423 *espanduz : menuz*; 707 *irascuz : perduz* 775, 1171, 2767, 3135, 3473, 3595; 185 *pechast : commandast (s* ist verstummt); 3313 : *pourchacast*; 1853 *jugast : dampnast*; 3665 *conversast : habitast*; 1063 *veschist : voussist*; 1771 *perdist : mesist*; 55 *estoit : avoit* 209, 853, 1025, 1305; 81 *avoit : convenoit*; 179 *savoit : estoit*; 217 *amoit : apeloit* 233, 247, 283, 324 etc. (58 mal).

b) 45 *engenra : porta* 51, 87, 111, 113 (76 mal); 41 *sauvé : gité* 165, 263 (48 mal); 107 *ennemi : trahi*; 249 *autresi : raempli* 407, 665, 713, 751, 1135 etc.; 673 *irascu : perdu*, 2159, 2409, 2773, 2907, 3545, 3567, 3737, 3779, 3893 (30 mal); im ganzen 6,91 + 7,66 = 14,57 %.

Werden diese reime nun auch um ihrer geringen klangfülle willen vom XIII. jh. an von den dichtern vermieden, so kann uns dieser prozentsatz doch keinen wesentlichen beitrag zur datierung unseres denkmals bieten, da das vorkommen solcher reime ebenso wie die grössere oder geringere zahl der reichen reime nicht allein späterer oder früherer abfassungszeit der dichtungen nicht parallel geht, sondern vorwiegend von der individualität, der bildung und sprachgewandtheit eines dichters abhängig ist. —

Es erübrigt noch anzuführen, dass auch ungenaue reime vorhanden sind und zwar consonantisch ungenau 509 *donne : homme*; 1851 *vintrent : distrent*; vokalisch ungenau 3699 *feire : memoire*; 3035 *donnei-ge : lignage*, welche unter vokalismus behandelt werden.

Anmerkung: Die zulässigen genügenden reime enthalten als reimwörter an erster stelle *einsilbige* wörter: gegen 250, abgesehen von den einsilbigen wörtern auf *ent* und *ant*; gegen 50, in denen der gleichlautende vokal isoliert steht; gegen 70, wo eins der reimwörter ein eigenname ist, über 130, deren tonvokal aus einem diphthongen oder triphthongen mit einem i an erster stelle besteht; einen geringeren teil bilden die reimwörter mit selteneren endungen wie 493 *crouiz : vouiz*; 3577 *pelerins : meschins*; 2711 *ainsint : avint*; 507 *veissel : bel* (2815, 3337); 3077 *musart : gart* u. s. w., während die reime, deren reimwörter voller klingende endungen enthalten, wieder ein starkes contingent stellen. Hierher gezogen sind z. b. 17 *gent : communement;* 875 *grant : pendant;* 241 *séant : menjant;* 835 *amour : jour;* 1 *pecheur : meneur;* 9 *doleurs : sueurs;* 105 *sauver : delivrer;* 103 *venir : morir* u. s. f.

B. Silbenzählung.
a. innerhalb des wortes.
1. doppelformen derselben stammwörter.

Je nach bedürfnis der silbenzahl sind doppelformen der wörter gleichen stammes verwandt, so bald ein-, bald zweisilbig, resp. zwei- oder dreisilbig die bekannten *com* 32, 38, 94 *(con)* 137 ...; *comme* 79, 343, 594, 1467 ...; *or* 149, 235, 730 ...; *ore* 282, 949, 1022, 2237; *encor* (meist zweisilbig) 622, 630 ...; *encore* 3229; *arrier* 226, 2482; *derrier* 1597; *arriere* 185, 1275, 2525, 3629; *avec* 241, 1262 ...; *aveques* 54, 810, 1649; *ilec* 317, 399, 500 ...; *ileques* 473, 2361, 2489; *cileques* 797; *munt* 3980, 2058 *(: respont)* 2539 *(: unt) munde* 1473 *(: roonde).*

Innerhalb des wortes ist *zwischen consonanten* ein vokal geschwunden in *courciez* 3515, *courcie* 3980; daneben die volleren formen *couroucier* 1316, 3730; *courouciez* 3745, 3766, 3781 u. m. Nur in den vollen formen begegnet *guerredon* 445, *guerredona* 716; *verité* 632, 668, 2839 ...; stets aber *vrais* 593, 2180 und *vraiement* 791, 883, 1341 und zweisilbiges *andui* 47, 308, 309, 519 ...; *andeus* 3958. —

Namentlich muss bei derartigen doppelformen, wo ein vokal sich bald zwischen den consonanten zeigt, bald getilgt ist, auf einen punkt hingewiesen werden, der für die localisation eines denkmals von wichtigkeit ist, d. i. die einschiebung eines analogischen *e* vor *r* in die futur- und conditionalformen der verba der latein. II. u. III. conjugation und andrerseits die synkopierung des ursprünglich berechtigten *e* in den gleichen formen der verba der I. conjugation.

Der einschub des ersten *e*, der in östlichen wie in westlichen dialecten der langue d'oïl wohl gelegentlich auftritt, ist vornehmlich pikardisch und dürfte für den verfasser als pikardismus geltend gemacht werden, zumal eben in unserm denkmal wie in pik. texten das eingeschobene *e* als silbe gilt, was in normannischen, franzischen u. lothringischen texten nicht der fall ist.¹

Belege für das futurum sind z. b.:

163 *Tant que il s'i remeterunt;* 288 *Et comment nous le prenderons;* 1903 *Ou tout vif le me renderez;* 1946 *N'i perderas membre ne vie;* ähnl. 660, 849, 890, 940, 1385, 1781, 2470, 2510, 2532, 2732, 2792, 2884, 2896, 3037, 3047, 3097, 3109, 3128, 3180, 3222, 3317, 3320, 3337, 3346, 3394, 3402, 3764.

für conditionalformen:

1156 *Que il sa teste meteroit;* 1478 *Saveriez-vous enseignier;* 1539 *Et dist: Je ne la renderoie;* 1972 *Par Joseph Jhesu raveroit,* ferner 1942, 1973, 1975, 1976, 2027, 3565, 3621. 3677, 3705. —

Neben diesen formen stehen natürlich die organisch entwickelten z. b.:

metrunt 903; *metras* 2502; *metrez* 3229; *metroit* 3828; *perdrez* 1512; *istras* 2225: *istra* 2795: *atendra* 3363; *penrei* 342; *mouvra* 3391; *devroit* 3626.

Von *savoir* und *avoir*: *savra* 3085, *avras* 248, 3106, 3060, 3386, 4018; jedoch sind von diesen beiden verben die formen mit ausgestossenem labial die häufigsten,

cf. *arei* 445, 1718, 2969; *aras* 831, 847, 2493, 2513...; *ara* 2306, 2685, 2899, 3079, 3093...; *aruns* 287, 490, 3247; *arez* 464, 3935, 3996; *arunt* 873, 884, 919, 1719...; *aroie* 1036, 3514; *aroit* 192, 453, 1486; *arians* 1974; *aroient* 630; *sarei* 892; *saras* 871; *sara* 485, 651; *sarunt* 371, 3045, 3403.

Was die ausstossung des *e* betrifft, so weisen die zu citierenden formen von *mener* und *doner,* 734 *menra,* 1545 *menrez,* 950 *emmenrei,* 1551 *emmenruns,* 450 *donrei,* 446, 3379 *donras,* 2304 *donra,* 1540 *donroie,* 2978 *donrez* ausser auf ihr eigentliches gebiet, die Pikardie, auch auf die Normandie und das centrum, während die folgenden: 2750 *Et tout premiers le comparra,* 347 *Com ès orz pechiez demourrunt,* 952 *demourras,* 3285 *demourrei,* 2928, 3124 *demourra,* 2346 *demourrez,* 3342 *comparroit,* 2082 *aourrei* in der Champagne und der südlichen Pikardie häufig begegnen.²

Die silbenzählung zeigt uns ferner doppelformen derselben wörter oder formen, wenn *zwei vocale nebeneinander* stehen.

---

¹ *Suchier*, Auc. p. 72; *Görlich*, Nordw. dial. p. 84; *Friedwagner*, p. 93.
² *Meyer-Lübke*, Gram. II, 356.

Dies betrifft besonders die vocalcombinationen *ie, ia, io, iu* in folgenden Fällen:

a. Die endungen der I. u. II. perr. plus. des imperfectums und des conditionals sind teils *zweisilbig*, teils *einsilbig* gebraucht, und zwar unterstützen drei viertel der belege für den verfasser die zweisilbigkeit; jedoch wird die immerhin beträchtliche anzahl der einsilbigen endungen bei der localisation nicht ausser acht zu lassen sein. Die einsilbigkeit ist besonders im pik. wallonischen üblich und tritt im norm. franz. u. champ. erst allmählich während des 13. jhs. auf.[1]

Einsilbig sind in der I. pers. plur. imp. ***iens***: 1445 *Encor n'aviens oï touchier;* ***ions***: 767 *Par fame estions emprisoné*, 3557 *Adonc ces prophetes prenions;* ***ens*** (für ***iens***): 2406 *Tant cum péumes l'endurens;* ***iemmes*** (resp. zwei: statt dreisilbig) 3607 *Nous essaiemmes et véismes;* ***iammes*** 1192 *Et se nous poviammes avoir*; in der II. pers. plur. imp. 3901 *Saviez-vous riens de vo sereur*, 3998 *La joie as autres, et saviez;* ferner in der I. pers. plur. cond. ***ians***: 1974 *Ainsi arians peis de Jhesu*, 1458 *Que nous l'en deliverrians* bien; ***iammes*** 1969 *Et que li touriammes la vie*.

Zweisilbig sind z. b. ***iens***: 3906 *Sire, n'en saviens neent;* ***ions***: 3535 Ceci *au meins bien cuidions* (ähnl. 1138 u. 3558); ***iuns***: 1800 *Nous ne voliuns pas ainsi* und so 1991, 3663, 3706. Ebenso wird zweisilbig zu lesen sein 3578 *Quanque avions nous ha tolu;* ferner in der I. pers. plur. cond. ***ians***: 1482 *Bien l'amerians à trouver*, ähnl. 2344, 3621; ***ions***: 1437 *pourrions*, 3705 *deverions;* ***iuns***: 1963 *pourriuns;* in der II. pers. plur. imp.: 1919 *doutiez*, 510 *amiez;* 3997 *aviez*, 4003 *saviez;* endlich II. pers. plur. cond.: 4001 *Certes, ne priseriez mie*, 1478 *saveriez*, 2342 *achateriez*.

b. In nominalformen sind stets zweisilbig die lat. endungen ***ianum*** in *ancien* 47, *Vaspasyens* 1013, 1197 etc., *terriens* 2755; *darrien* 2754 *(Vous vousistes au darrien)* 3026, 3830 mit ausnahme von 355 et *semble que li darrien* estoient; und ***ionem*** in *dampnation* 406, *region* 1544, 3104; *generacions* 2101, *possessions* 3718 u. a.

---

[1] *Suchier*, Auc. p. 72; ss. II, 281. *Hossner*, p. 46.

Weiterhin gibt die feststehende silbenzahl der verse aufschluss über die behandlung, welche die *vortonvokale in unmittelbarer berührung mit dem tonvokal* in unserm texte erlitten haben. Hierbei ist zu scheiden zwischen den vokalen, die bereits im latein. ungetrennt neben einanderstanden, aber zwei verschiedenen silben angehörten, und denen, die erst nach schwund eines zwischen ihnen stehenden consonanten vor den tonvokal getreten sind.

Von den wörtern der ersten categorie sind anzuführen: *leenz* 697, 1367, 2247; *ceenz* 56 und *deable* (21, 134, 173, 2176, 3523, 3759, 3761, 3765, 3815, 3865, 3955) das nur einmal einsilbig gebraucht wird 3932 ***Dables** seur vous povoir n'ara; ne-ipsum* einsilbig 931 *Neis, se je feire voloie* und zweisilbig 3715 *Néis ses sires l'Ennemi*.

Von den wörtern der zweiten klasse dagegen gibt es eine sehr grosse menge belege, die mit verschwindend wenig ausnahmen die erhaltung des im hiatus stehenden vortonigen vokals bestätigen. Die einzelnen dialecte nehmen zur tilgung dieses vokals sehr verschieden stellung, so steht es für das anglonormannische fest, dass es mit dieser entwicklung den continental-französischen mundarten voraus geeilt ist, und dass von diesen wieder die pik. wall. dialectgruppe am ersten zur tilgung des vortonvokals neigt. Ihnen schliessen sich zunächst die östlichen dialecte an, dann das norman. und zuletzt die mundarten der Ile de France und Champagne, die noch im 13. jh. das vortonige e wahren.

Von den in betracht kommenden belegen zeigen neben der älteren form bereits eine contrahierte: *neent*, das in 600, 1037, 3146, 3612, 3906 zweisilbig, in 2052 *Sanz lui feire, n'en dout **neent*** aber einsilbig gelesen werden muss, denn die apokopierte form des imperativs fällt ohne zweifel dem schreiber zur last, da sonst die endung des imp. der verba der I. conj. erhalten ist, cf. *doute* 1945, 2207, 2822; *pense* 2827, *coute* 3017, cele 3044 u. m.

Nient, neent ist schon im 12. jh. auf dem continente, sogar im norm. (Rou.) einsilbig verwandt, kann daher als kriterium für die abfassungszeit nicht in betracht kommen.

Ferner *vez* in den versen 1762 ***Vez**-moi ici tout apresté;* 2265 *Que **vez**-ci Joseph en present;* 2854 ***Vez**-les tous parcréuz et granz. Hossner* p. 16 sieht mit recht hierin keine contraction, sondern führt die einsilbige form auf eine compromissform von *vide-ecce* zurück. Die verwendung bald als einsilbige, bald als zweisilbige form sei der vermischung mit *videtis* zuzuschreiben. In der that nimmt *vez* in den vorliegenden belegen die stellung des modernen demonstrativen *voici, voilà* ein; für *videtis* ist auch stets *vééz* gebraucht: cf. 535 *Il est morz, que bien le **veez***, u. 1417, 3908.

Von *benedictus* ist sowohl das lautlich correcte *benóoiz*, als auch die contrahierte form belegbar. 2670 *ce vient don **benóott** Jhesu*, 2049 *Et dist: Cil Diex **benóotz** soit*, und andrerseits 945 *Ki le **benoott** Fil Dieu porta*, 2534 *C'est la **benotte** Trinité*, ähnl. 3373. — *benoit* wie *maloit* sind sehr früh belegt, selbst im norm. (Chron. des ducs de Norm. II, 1106, 11591) und die kürzung dieser formen, namentlich von *benoit*, die in jedem gebete in verbindung mit *Dieu, Fil Dieu* u. *Trinité* vorkam, kann schwerlich für frühen ausfall des vortonigen e und dialecte, die denselben zeigen, geltend gemacht werden.

Die meisten der belege mit erhaltenem vortonvokale bilden die substantiva — *atorem, aturam*, die flexionsbetonten formen des perf. und conj. perf. der starken verba, die schwachen part. perf. — *utum* u. a. wörter, wo ein cons. geschwunden ist. z. b.:

pecheeur 1, 362, 743, 881; *empereeur* 991, 1015, 1077, 1080, 1087 . . .; *sauveeur* 2998, *enchanteeur* 1475, *portéure* 59; — *péus* 821, *méis* 907, *véimes* 1587, *féimes* 1588, *préistes* 1590, *féistes* 2273; *eust* 1644, *péust* 1729, *séust* 2250, *séustes* 2272, *féist* 2355, *éutes* 2634; — *véu* 615, 617, *reconnéu* 616, *decéu* 620, *apercéu* 621, *éu* 1361, *eschéue* 1362, *créuz* 2270, *meschéu* 2518, *percéu* 2595, *connéu* 2596, *séu* 1831, *parcréuz* 2854.

Ein dental ist geschwunden in

gaaigniez 23, *aage* 22, *aama* 202, *eschaance* 1361, *Graal* 936, 2659, 2677, 2681, 2684; *preescha* 194, 972; *creance* 194, *creant* 2328, *veanz* 975, *seez* 1575, *poesté* 1228, 1720, 1796, *vooir* 606, 1556, 2146, 2209; *sooir* 2552, 2635, *rasooir* 1579, *pooir* 392, 760, 3538, *roonde* 1474; ferner in *méis mes* 2001, 2136, 2153, 2189, 2206, 2785, 2796, 2819, 3210;

Ein guttural ist geschwunden in *boneéurée* 943, *seelleé* 706 *asséurer* 1860, *séurement* 3364.

Ist der vortonige vokal *a* od. *e*, so tritt im laufe der entwicklung des afz. verschmelzung mit dem betonten vokal zu einem diphthongen ein. Auch hierin steht bis auf einen fall unser denkmal auf älterem standpunkte. *haïne* ist 2094 durch das versmass, 1823 durch den reim *haïne: cuerine* als dreisilbige form gesichert; *païs* 2302, 3124, 3452, 3840, 3881 u. *païsant* 3814 durch die silbenzahl, ebenso *aïde* 3831 (dazu der reim 731 *mie: aïe*); ferner *obéir* in 2439 *obéir: suir*, 363: *Espir; trahiner* 1895.

Die einzige contraction würde in 1897 *Ainsi fist le treïtre destruire* geboten sein, müsste man nicht den vers in dieser gestalt überhaupt beanstanden; der verstoss gegen die casusregel, die sonst ziemlich gut beobachtet ist, die gesicherte verwendung des acc. *traïteur* 1795, und auch der sinn, der eher den acc. plur. verlangt, lassen vermuten, dass eine verderbte stelle vorliegt. Vielleicht: *Ainsi fist **traïteurs** destruire*.

b. silbenzählung an der wortgrenze:
Hiatus und Elision.

Elision des auslautenden *e* vor vokalischem anlaut des nächsten wortes findet selbst nach mehrfacher consonanz mit grosser regelmässigkeit statt, und nicht elidiertes *e* ist nur in zwei fällen zu verzeichnen.

1. Fors le liu qui *pleins* ne pooit 2563 Estre / et cil qui au mengier.

2. S'aucuns y ha qui femme avoir 2926 Ne vueille / et remennoir O moi en ma meison voura.

In 2563 geht mehrfache consonanz dem *e* voraus, und dass unter dieser bedingung *e* den hiatus tragen kann, ist aus andern texten vielfach bestätigt.[1]

Was den zweiten fall betrifft, so ist vers 2926 zunächst unvollständig überliefert; erst durch wiederholung des relativpronomens *qui* wird die erforderliche silbenzahl erreicht, ohne dass freilich der hiatus beseitigt wird. Das dem *e* vorausgehende mouillierte l mag ihn vielleicht einigermassen entschuldigen[2],

---

[1] *Mall*, Comp. p. 31. *Tobler*, Versbau p. 56.
[2] Doch ist die elision sonst regelmässig eingetreten nach mouilliertem l od. n: 2331 vueille et; 3864 fille ensement; 847 enseigne ans; 2920 enseigne a; 3915 enseigne et; 3062 Engigne et. —

besser dürfte jedoch für seine zulässigkeit die annahme einer stärkeren interpunktion eintreten, welche eine schärfere betonung der von Joseph von Arimathia aufgestellten bedingungen bezwecken sollte. Auch in vers 2563 mag übrigens der einfluss der satzpause grösser gewesen sein als die vorangehende consonantenverbindung.

Nach *einfacher consonanz* würde verschiedentlich nichtelision des *e* nach r (aus tr) in substantiven der lat. II. u. III. declination, die im afz. auf *re* ausgehen, vorhanden sein, wenn nicht die ergänzung des analogischen nominativ - *s*, wie sie der schreiber thatsächlich vorgenommen hat, für den verfasser bereits in anspruch zu nehmen wäre. Der reim lehrt, dass dem verfasser das nominativ - *s* für diese wortklasse nicht mehr fremd war. Schliesslich würde nichtelision in so engen verbindungen wie vers 12 *noperes Adam* auch kaum zulässig sein.

Hiatus nach einfacher consonanz, wie sie entgegen der schreibung in wirklichkeit vorliegt, ist gleichfalls durch anfügung eines *s* vermieden worden, und zwar auf kosten der declinationsregel 2080 *Par lui-méismes enhorté.* Die wenigen anzeichen des verfalls der declination, die dem verfasser zur last fallen, beschränken sich auf wörter, die einen persönlichen begriff ausdrücken, z. b. *emperere, suer,* die schon im Rol. mit ihrer obl. form u. umgekehrt vertauscht werden, und es steht uns gewissermassen frei, in *méismes* einen verstoss gegen die elisionsregel zu sehen [1]. Er würde in einem verse von Huon de Bordeaux [2]: *Par oïr messe de I saintime abé* ein analogon finden, wo Friedwagner den hiatus durch die schwere der ursprünglichen consonantenverbindung (auch für unsern text hat *s* vor *m* nur graphischen wert) zu entschuldigen versucht. Nichtelision nach ursprünglich nicht isoliertem *m* hat z. b. auch Gui de Cambrai, Barl. 226, 26. *ame / et*.

Facultative elision haben die einsilbigen wörter *je, ne,* se (= lat. *si*) *se* (= lat. *sic*) *que* (relat.) *que* (conj.); so ist *je* elidiert oder wenigstens mit elision zu lesen, z. b. 78 *Et que j'en soie mieuz créuz* u. 537 *Et que je à Joseph le donnasse,* ähnlich 787, 789, 806, 836, 1764, 2521, 2709 und 1312, 1445; dagegen steht es im hiatus z. b. 1547 *Et je avec vous m'en-*

---

[1] cf. jedoch auch unter declination. [2] Friedwagner p. 14.

irei, vers 2547, 2858, 3509; als satzbetonte form 443 *Et je et mi V chevalier;* mit vollerem vokalischen element 418 *Et à cui ju en revenrei;* dem verbum nachgestellt 2453 *Ainsi vous pri-je et requier.*

Bei *ne* findet elision statt z. b. 71 *N'en sa vie ne pechera,* 371, 407, 542 . .; hiatus z. b. 405 *Ne droiture ne achoison,* ähnlich 956, 998, 1112, 1166 etc.

Ce ist elidiert vor *est* 257, 608, 628, 903, 1120, 1180, 1233 etc.; vor *estoit* 1703 *(se c'estoit voirs)* 3436, 3741, 3791; 1773, *Pour ce estoit si espoventez;* vor *estre* 2249 *Quident que ce estre nĕ péust;* vor *en* 258 *C'en devoit estre ses louiers;* vers 24, 622, 633, 1121. 1175; dagegen liegt hiatus vor 3399 *Ce / est en pardurable vie* und ähnl. 1332, 1344, 1549, 1768 . . .

Die conjunction *que* ist elidiert vers 39, 109, 138, 156 u. s. f. [*quanque* (8 mal)] und steht im hiatus z. b. 105 *Pour ce que il voloit sauver,* ferner 111, 178 . . .

Bei *se* (= *sic*) fand elision statt z. b. 1240 *S'a l'uns à Pilate mandé,* 1494; hiatus wo dann *si* für *se* eintrat, z. b. 44 *Fille Dieu est, si est sa mere; si* hat seinen vokal behalten, das anlautende *e* des folgenden *en* ist durch aphärese beseitigt in 425 *Jhesu vit, si'n ot pitié grant.*

se (= *si*) ist elidiert 349 *Car, s'il un peu ordoié sunt,* so 368 . .; und steht im hiatus z. b. 641 *Se il leur estoit demandez,* 1063 . .;

Bei dem relativum *que* fand elision statt, z. b. 51 *Par son angle qu'il envoia* . .; hiatus z. b. 26 *Ou Fil Dieu que il attendoient* . . —

Qui, als relat. nom. durch *que* vertreten, hat elision seines vokals 2468 *C'iert en senefiance grant,* 3400 *Tout ce qu'est né et qui neistra,* 3670 *Li prophete qu'o nous estoient.* —

Die unbetonte form des pronomens *li* ist nirgends elidiert ausser vor *en.* z. b. 337 *Jhesus l'en ha congié donné;* 524 *l'en fu bel* (852, 2876) ähnlich 508, 709, 3154, 3187, 3284; nur einmal begegnet hiatus 3956 *mout li en pesa.*

Satzunbetontes *le*, dessen elision im afz. facultativ ist, sobald es dem verbum nachsteht, ist im hiatus belegt 792 *Croi-le et si n'en doute mie,* und zu elidieren 2982 *Acola-le et au pere dist.*

Bei inversion des unbestimmten subjectspronomen *on* ist einmal zur vermeidung des hiatus aus euphonischen gründen *l'on* eingesetzt 3637 *Se ès uevres Dieu le trueve l'on*.

Folgen *il* oder *ele* dem verbum, so findet wie im allgemeinen, elision des vorhergehenden *e* statt; von dem einschub eines euphonischen *t* ist noch nichts zu bemerken.

Der nom. sg. des masc. artikels steht im hiatus z. b. *li enfes* 2535, 3777; *li uns* 224, 1269, 1483, 3679; *li estranges hon* 1199; *li hons* 2163; *li angles* 2912, 2913; *li emperere* 1051, 1657; *li hostes* 265, 1011, 1017, 1043; mehr noch finden wir die elision: *l'ostes* 1005, 1103; *l'uns* 210, 293, 1240, 2570; *l'enfes* 1711, 2986; *l'emperere* 1093, 1101, 1105, 1117, 1121, 1153, 1211, 1221, 1250, 1424, 1630, 1681, 1739.

Der nom. plur. dagegen zeigt nirgends elision, sondern stets hiatus, cf. *li encrimé* 505; *li autre* 1898, 2106, 2130...; *li angle* 2113, 2140, 2150; *li enfant* 2255; *li anemi* 261, 759, 2161, 3515, 3695, 3725, 3747, 3751 u. a.

Der weibl. artikel, die possessivpronomina *ma, ta, sa*, sind stets vor vokal elidiert; *s'offrande* 56; *s'uevre* 774, 2181, 3616; *s'oroison* 3005; *s'onneur* 3346; *s'autre suer* 3926; *m'amie* 3933 etc.; der afz. nur gelegentliche ersatz der fem. form durch die masculine wird unter *pron.* erörtert werden.

me, te, se, ne, le, la haben in verbindung mit dem verbum regelmässig vor vokal ihren vokal verloren.

Einen dritten teil der bei der silbenzählung zu beobachtenden erscheinungen bilden:

c. die Inclinationen.

Von den contractionen der pronomina *me, te, se*, die bereits mit beginn des 12. jhs. durch die bevorzugung der offenen formen verdrängt sind, findet sich, der späteren zeit entsprechend, auch keine mehr in unserm denkmal verwandt, nur inclinationen von *le* und *les* an *je, ne, si, se* sind zu belegen, und, abgesehen allerdings von der sehr häufigen verwendung der contraction *nou (= ne le)* und der gelegentlichen von *jou (= je le)* ist eine bevorzugung der offenen formen schwerlich zu verkennen.

Die contractionen *nou* und *jou* (wenigstens entspricht es mehr dem sinne der betreffenden belegstellen nicht eine nebenform des satzunbetonten *je* mit stärkerem vokal. element zu sehen, als in *je le* aufzulösen) sind von Gengnagel nicht berücksichtigt worden, doch wird in der besprechung seiner arbeit Rom. XI, 464 besonders auf die häufige verwendung dieser formen im 12. u. 13. jh. aufmerksam gemacht.[1] In unserm texte *n'ou* z. b. 350 *n'ou leisserunt*, so 470, 541, 544, 605, 606, 651, 685 etc.; *jou* z. b. 2799. *Or escoute, et jou te direi;* 2081, 2430, 3761.

An *Inclinationen* sind vertreten: *je l'* z. b. 290 *Je l' vous vendrei, si le prenez;* u. 827, 1047. *se l'* z. b. 398 *Chiés Symon, se l' prist et garda;* u. 416, 425, 647, 1353, 2671. *ne 's (= ne les)* z. b. 3485 *Que nus hons ne s' puet rassembler.*

Offene formen dagegen z. b. *je le* 692, 3215; *si les* 129, 1291; *se les* 2096; *si le* 290, 676; *se le* 2430; *tu le* 330, 869; *que les* 2465; *ne le* 1441, 1906, 2022...; *ne les* 1688, 2866; *que le* 2396, 2769.

Ein weiteres grosses contingent an contrahierten formen stellt natürlich der artikel in verbindung mit den praepositionen *de, à* und *en;* hierfür begegnen nirgends offene formen; z. b. *dou Pere* 159, *dou saint esprist* 160; *dou povoir* 162...; *del juste* 432 u. *do veissel* 2654; *à+le: au chemin* 62, *au dent* 115[2]; *au fil* 364; *en+le* als *ou = ou temple* 55, *ou ventre* 142, *ou flon* 115; *à + les = as: as piez* 244, *as menistres* 169; *as deciples* 223; *en + les = ès: ès orz pechiez* 347, *ès nes* 1237; *ès vaus* 3123 etc.

Synizese ist mehrfach zu belegen, z. b. 564 *Et lau li sans couloit l'a mis;* desgl. 633, 1152, 2288, 2504, 3116, 3127, 3360, 3459, 3477, 3716.

Die einführung der contrahierten form wird sogar erforderlich 3711 *A li la ù ele estoit ala.*

Diese verschmelzung zweier betonter vokale zu einem diphthongen ist vorzugsweise in nordöstl. texten anzutreffen.[3]

---

[1] cf. auch Berols Tristan 299. 303. 627. (*nu*) Benoit, Ducs de Norm. 37404, 41964 (*nou*).

[2] *dent*, das von Schwan, § 350 als fem. angeführt wird, setzen Förster (Aiol) u. Koschwitz (Charl.) mit recht als masc. an.

[3] Förster, Zs. f. östr. gym. 1874, p. 136.

Zuletzt ergibt sich bei der betrachtung des versbaus noch eine beobachtung, die an dieses capitel angeschlossen sei. Die silbenzahl der verse sichert in zahlreichen belegen die gekürzten formen der possesiv-pronomina der I. u. II. pers. plur, ein speziell pikardisches characteristicum.[1]

z. b. Sing. nom. masc. 532 *Et nos prouvoz sires Pilates;* acc. masc. 85 *Pour le pechié d'Adam no pere*, so 729, 789, 1381, 2457, 2649, 2882, 2929, 2930, 3167, 3315, 3538, 3585: nom. fem. 14. *Eve no mere et Abraham*, ferner 86, 1196, 2300; acc. fem. 78. *En vo meison et si serez;* hierzu 141, 1741, 1781, 2458, 3229; im plur. nom. 2967 *Ausi cumme vo frere feit unt*, (hierzu 2275, 2400) u. im acc. plur. 683 *A vos chevaliers le leissei*, desgl. 424, 464, 1654, 2347, 2348, 2411, 2412, 2853, 2994, 3529, 3584, 3639, 3660, 3661, 3686, 3901, 4004, 4009. —

II. Lautlehre.
A. Vocalismus.
A.

$A + n + cons.$ ist nur mit sich selbst im reime gebunden. Reimwörter sind ausser den wörtern mit etym. *a* die partizipia praesentis von verben der lat. II., III. und IV. conjugation Die bindungen einerseits von $an + cons.: an + cons.$ und andrerseits von $en + cons.: en + cons.$ sind so consequent durchgeführt, dass sogar wörter wie *talent, sens, tens* u. a.[2], die selbst ziemlich streng scheidende texte mit *ā* binden, im reime gänzlich fehlen. Diese scheidung ist in texten des normannischen und pikard.-wallonischen sprachgebiets zu beobachten, ebenso in den westlichen mundarten, wo die scheidung zwischen *en* u. *an* bis zur mitte des 13. jhs. dauert. Dagegen lassen der franzische, lothringische und champagnische dialect früh vermischung eintreten, und *en* und *an* reimen in denkmälern aus ihrem gebiet unbedenklich mit einander.[3]

Bei dem *participalnomen*[4] liegt in einigen fällen allerdings ursprüngl. *e* im reime vor, doch fand in diesen wort-

---

[1] Suchier, Auc. 73; Dittmer, p. 61. 63.
[2] Suchier, Reimpred. p. 69.
[3] Über an + cons u. en + cons: Haase, pik. wall. denkm. Förster, Cliges LV., Görlich, Nordw. dial. 87. Gröber, Grdr. I. 600, Meyer, an et en toniques, p. 244. Suchier, Gram. p. 68.
[4] Koschwitz pag. 54; Pohl, Rom. Forsch. II, 344.

bildungen frühzeitige vertauschung der lat. suffixe -*entia* u. -*antia* statt. So kommt auch durch diese belege die reinheit der bindungen nicht in zweifel.

Noch könnte man *demande : viande* 2455 als ein zeichen der mischung ansehen; *viande*, das stets nur mit *a* gebunden wird, (cf. Roman *de Rou* 3919) ist jedoch nicht auf *vivenda* zurückzuführen, sondern auf *vivanda.

Auch der schreiber scheint im wesentlichen unter der wirkung dieser dialectischen erscheinung zu stehen, denn nur geringe belege lassen sich im innern der zeilen für *a* = urspr. *e* finden, z. b. *samblemenz* 1436, *sanz* 1487, 1545, 1861..., andrerseits spricht die gelegentliche schreibung von *en* für *an*, wieder ein charakteristicum der pik.-wall. dialectgruppe aus, die diesen übergang begünstigt.[1] Die belege beschränken sich freilich auf *a* in vortoniger stellung: *tenner* 2174, *mennoit* 1495, *mennant* 1318, 3859, *mennoir* 136, *remennoir* 2926, *remennant* 3761, 3813, 3885, *mennière* 89, 185, 2119, 2923, *menja* 87, 116, 749, 2197, *mengie* 117, *menjant* 242 etc.

Das lat. *femina* reimt sowohl mit *ame (animam)* als auch mit dem durch tonerhöhung von *o < a* entstandenen *dame (dominam)*. Das Gebiet von *fame*, dessen grenzen Metzke, Arch. 64, 395, bestimmt hat, erstreckt sich gleich einem breiten bande von Lothringen durch die Champagne, Ile de France nach den westlichen gebieten, wo jedoch beide entwicklungen *femme* und *fame* neben einander vorkommen;[2] es umfasst so einerseits das gebiet, wo *en* + *cons.* und *an* + *cons.* lautlich zusammenfallen, andrerseits aber erstreckt es sich auf die gebiete des pikardischen und normannischen, wo die auseinanderhaltung der beiden lautgruppen regel ist, nur der nördliche teil des pik. gebiets und im nordosten das wallonische werden durch die reime *fame : ame : dame* 59, 2105, 2617, 2945, 3605, für den verfasser nicht in betracht kommen. Der schreiber verwendet bald die der aussprache entsprechende form, bald die etymolog. schreibung, wobei die letztere überwiegt. *fame* (16 mal), *femme* (38 mal), *feme* (2 mal).

---

[1] Suchier, Auc. p. 66.
[2] cf. Görlich, Nordwestl. dial. p. 42.

Die lat. *adjectivendung -alis* ist mit französisch erhaltenem *a* in gelehrten bildungen durch folgende reime direct belegt 839 *loial : esperital,* 3493 *Graal : mortal* oder sie ist aus der flectierten form im reim zu erschliessen 275 *loiaus : faus.* Daneben stehen als echt volksthümlich entwickelt *tel, itel,* gesichert durch die reime 865 *teus : precieus,* 2745 *iteus : Dieus.*

Auch der schreiber kennt diese doppelte entwicklung; er hat einmal regelmässig *tel* und *quel, autel* 1042, *esperiteument* 3599, das *esperitel* erschliesst, *crueus* 227[1], *queus* 407, 2035, daneben die lehnwörter *especiaument* 1215, *loiaument* 2947, 3154, *communalment* 168.

In anschluss daran sei *auteus* 903 erwähnt, das auf suffixvertauschung beruhend, dasselbe lat. *a* in freier silbe vor *l* besitzt und entsprechend dieselbe entwicklung zeigt.

Für den verfasser ist noch der reim 3909/10 *maus : saus* zu betonen, er sichert für ihn die form *mal,* eine form, die durch analogie von dem proklitischen *mal* auf das substantivum übertragen wurde und den gebrauch des lautgesetzlichen *mel* beschränkte.[2]

Gegenüber diesem *mal* und den obigen lehnwörtern *-al* zeigen die reime *teus : precieus, iteus : Dieus* zur genüge, dass dem dialect des verfassers die erhaltung des lat. freien *a* vor *l,* wie sie den südwestl. dialecten eigen ist, fremd war, ebenso wie die weiterentwicklung des *e* (aus *a*) zu *ei,* die einesteils den nordöstl. und östl. dialecten zukommt, andernteils auch in den westl. mundarten vorhanden und vom 13. jh. an auch auf norm. gebiet, im östl. teile des Dép. Eure nachgewiesen ist.[3]

Ob dem verfasser jedoch die diphthongierung desselben *e* (aus *a*) zu *ie,* die ebenfalls in den westl. mundarten, namentlich in der Bretagne hervortritt, und auch in Ile de France zu belegen ist, eigentümlich war, bleibt unbestimmt, da ebenso gut *tieus, itieus* vorhanden gewesen sein konnte.

Nur für die mundart der überlieferung ist die im innern der verse belegte form *qués* 1419, 1517, 1820, 3467, 3999 zu bemerken.

[1] *crueus* kann jedoch auch ein adj. -*osus* zu grunde liegen cf. Förster, zs. III, 565.
[2] *Förster,* lit. centralbl. 1878, p. 116. *Nathan,* das lat suffix -*alis* im afs.
[3] *Görlich,* Nordwestl. dial. p. 13. *Burgass,* dial. von Seine Inférieure etc. p. 22, 23.

Nach *Tobler*, Vrai Aniel XXIX, kommt die ausstossung des *l* in der lautgruppe *els* = *alis* neben der diphthongierung in ein und derselben mundart vor und zwar ist diese zwiefache behandlung in der pik. mundart vielfach nachgewiesen[1] und auch für Anjou und Touraine belegt.[2]

An *tel, quel* sei die erörterung einer schreibung angeschlossen, die sehr häufig und zwar bei consonantischem anlaut des folgenden wortes zu belegen ist

d. i. *teu, queu: teu coustume* 231, — *mesprison* 1132, — *semblance* 1672, — *vertu* 1726, — *poesté* 1726, — *cuerine* 1854, — *vilté* 2384, — *grace* 3169, — *vertu* 3528, — *mennière* 3629, 3676, — *queu peinne* 214, — *seignourie* 1073, — *rue* 1492, — *poesté* 1470, — *maladie* 2663, — *vie* 2939, 3469, — *volenté* 2633, — *terre* 3466, — *femme* 3469, — *mespresure* 3887, — *queu sera la renummée* 2653

ist hierin bloss die vokalisation des *l* infolge des engen syntactischen zusammenhangs vor dem consonantischen anlaut des zugehörigen wortes zu sehen oder ist diese erscheinung zu den von Burgass p. 23 im dialect von Seine Inférieure des 13. jhs. gemachten beobachtungen in beziehung zu setzen? Daselbst tritt für $e^3 = a$ bisweilen *eu* ein, welcher vorgang im modernen patois unterstützung findet, und den Burgass auf eine aussprache des e^3 mit lippenrundung zurückführt.

Auffällig bleibt, dass nach unserm denkmal diese formen nur vor oder in beziehung zu *femininen* zu belegen sind; die unaufgelösten formen sind unter den gleichen bedingungen in der minderzahl. *tel* 130, 106, 166, 1796, 2742, 3402; *quel* 1370, 2884, 3115, 3214.

Das lat. suffix *-aticum* ist verschiedentlich als *-age* im reime belegt, und zwar teils mit sich selbst gebunden, teils mit dem aus lat. $a + lab. + j$ hervorgegangenen *age*: 1947 *estage: sage*, 1235 *message: rivage*, ferner 1409, 1443, 1577, 1833, 2347, 2391, 3651, 3803.

Besondere beachtung erfordert 3035 *Et là un don te donnei-ge: A toi et à tout ten lignage*, eine bindung, die nach zwei seiten deutung erfahren kann. Einesteils erschliesst sich daraus die entwicklung von *aticum > aige*; diese erstreckt sich auf ein sehr grosses gebiet[3]. Im osten beginnend (cf.

---

[1] Suchier, Auc. p. 65. Friedwagner, p. 52.
[2] Görlich, nordw. dial. p. 60.
[3] Görlich, nordw. dial. p. 20, 87. *Zemlin*, § 10, *Röhr*, p. 20, Metzke Arch. 65, 59.

Lyon. Yzop.), dehnt sie sich über den grössten teil des nordöstl. sprachgebiets aus, über die Pikardie hin bis nach Ile de France, die jedoch nach den neueren Forschungen Röhrs unberührt bleibt, und ist schliesslich den sämmtlichen westlichen dialecten eigen, wenngleich von diesen die ältere sprache der litteraturdenkmäler die entwicklung -*aige* nicht kennt. Das norman. gebiet [1] bleibt verschont, ebenso wie von dem nordöstl. gebiet noch ausgeschlossen sind: Artois, Flandern, das sprachgebiet des Münchener Brut und die Lütticher mundart, in der die dialoge Gregors abgefasst sind, die im ganzen nur 3 belege bieten. [2]

Andernteils nun lässt sich der reim *donnei-ge*: *lignage* auf eine erscheinung beziehen, die gewisse pikard. denkmäler zeigen, nämlich dort ein *a* eintreten zu lassen, wo *ai* zu erwarten wäre. „Dieser gebrauch scheint sich von der Pikardie aus durch Lothringen bis nach Burgund ausgedehnt zu haben" (Metzke a. a. o.), er ist aber vornehmlich im pikard. constatiert. [3]

a vor mouilliertem l giebt -*aille* und ist in den reimen 2507 *touaille*: *faille*, 3445 *faille*: *aille* vertreten. Auch der schreiber hat *a* vor mouilliertem *l* geschrieben, nur einmal *e*, dieses aber in nebentoniger silbe: *traveillier* 3627, eine form, die im anglonorm. beliebt ist, sich jedoch auch in handschriften des continents häufig findet. Sonst: *baille* 545, *baillie* 174, 198, 598, 826, 1074, *bataille* 927, *tenailles* 523, *faillir* 3140, *taillier* 1365, *saillir* 1581, *vaillanz* 1177, *maubaillir* 3858. — Vor mouilliertem *n* dagegen überwiegt die schreibung -*eign*, jedenfalls hierin mit der aussprache zur zeit der niederschrift correspondierend (siehe *Ai*). *compeignie* 270, 806, 918..., *compeignon* 376, 894..., *greigneur* 401, 1010, *meheignié* 3052, *pleignoit* 1610,. *seinnoient* 557, und nur *gaaigniez* 23, *compaigne* 1263, *compaignie* 3423 und umgekehrt *ai* für *ei* in *daigne* 104, 332.

A in unbetonter silbe steht in *gaaigniez* 23 *aé* 1708, *aage* 22, *eschaance* 1301, aus dissimilation entstanden in

---

[1] Pohl, Rom. Forsch. II, 341.
[2] Suchier, zs. II, 278.
[3] Burguy, Gram. I, 233; Apfelstedt, Lothr. Ps. XVI; Förster, Chev as. II esp. XXXIII, Rich. li biaus, anm. zu 4271. Meyer, Rom. VI, 43. Tobler, Gött. gel. Anz. 1874, p. 1032; zs. f. östr. gym. 1874 p. 146.

anemi 162, 261 . . ., ferner durch die einwirkung eines vorhergehenden oder folgenden *-r* in *parfunt* 702, 1810, *parfunde* 698, *parfeite* 3397, *parfeitement* 3046, *parcréuz* 2846, *pardurable* 794, 831, *darrien* 355, 2754, 3026, 3830, *ratourner* 3482, *rasooir* 1579, und unter der gleichzeitigen einwirkung der dissimilation in *raençon* 91, *raempli* 250, *raemplira* 2818, *ramembrement* 888, 3041.

Wie *dame* durch übergang von $a < o$ vor nasal entstanden, bietet sich auch *damoisele* 3852, dem die nach analogie von *femme*, *fame* geschriebene form *demmoisele* 3970 zur seite zu stellen ist.

E.

Frz. geschlossenes *e* entwickelt sich aus lat. *a* in freier silbe. Den nachlaut *i* hinter demselben kennt unser denkmal nicht. Was die ausdehnung der entwicklung desselben anbelangt, so sei daran erinnert, dass er sich zunächst im burg. u. lothr. findet, für die er am meisten characteristisch ist.[1] Er zeigt sich nach Förster (Anm. zu Aiol 459) durch die ganze Pikardie hindurch bis in die Normandie, deren ältere litteratursprache ihn jedoch noch nicht aufweist.[2] Dagegen tritt er wieder in den westl. mundarten[3], wenn auch nur unter bestimmten bedingungen, vor *l*, *r*, *s*, u. im part. pract. der verba der I. conj., nicht selten auf. Verschont sind von ihm nur die Ile de France[4] und die Champagne[5] geblieben.

Ein nicht unwesentliches moment für die bestimmung der sprache des denkmals könnte in dem reim 2203 *racheter* : *Enfer* zu liegen scheinen, wo $e^3 = lat.$ *a* mit *e* aus lat. gedecktem offenen *e* gebunden ist. Eine solche bindung ist nur in einem dialect möglich, wo $e^3 =$ *a* offene aussprache hatte, und dieses trifft um 1200, und wenn nicht noch früher, nach Uhlemann[6] für das anglonormannische zu, sobald dieses e^3 nicht in den auslaut des wortes trat, nach Vising's[7] vermutung nur vor *l* und *r*. Bereits Koschwitz (zs. II, 618) und Suchier zs. XV, 272) machten auf diesen „echt anglonormannischen" reim aufmerksam. Eine beweiskraft für bestimmung der mundart kann dieser vereinzelten erscheinung jedoch nur im verein

---

[1] Zemlin, nachl. l, Apfelstedt, Ps. [2] Pohl, Wace p. 59. [3] Görlich, nordw. dial. p. 10. [4] Metzke Arch. 65, 62. [5] Förster, Cligès LVI. [6] Rom. Stud. IV, 562, 64. [7] Etude p. 68.

mit der gesammtsumme der mundartlichen erscheinungen zukommen.

e = lat. a liegt auch vor in 3897 *set : het*, wo *set* direct aus *sapit* entwickelt ist und nicht für *sait* als phonet. schreibung steht.[1]

Die reime auf *en + cons.* sind unter A. besprochen.

e = lat. i in geschlossener silbe liegt vor im suffix *-itia*, für das die verse 4009/10 *richesces : destresces* belege bieten; dazu aus dem versinnern 1318 *richesces*. Es hat bereits denselben offenen laut wie *e = lat. ę in pos.*, wie aus den reimen 3087 *ades : pres*, 3309 *apres : ades*, 3673 *pres : ades* hervorgeht und besonders durch die bindung zu *ai* bestätigt wird (siehe Ai).

Nicht beweiskräftig für diese entwicklung sind die reime des lat. *illa* auf lat. *ella, ellum*, da bei diesen suffixen frühzeitig eine anlehnung des ersteren an das zweite wahrzunehmen ist.[2] belege: 999 *fenestrele : escuele*, 1189 *nouvele : bele*, 2323 *pucele : ancele*, 3723 *puceles : beles* (3949), 3969 *pucele : demoisele*.

Zu den reimen, deren reimvokal ę = lat. ę in pos., ist kaum eine bemerkung zu machen. Nur muss hervorgehoben werden, dass sie für den verfasser die diphthongierung des ę zu *ie*, wie sie in Flandern und Artois heimisch ist, gänzlich ausschliessen.

Nur eine unscheinbare zahl solcher anzeichen lassen sich im innern der zeilen finden; sie werden selbst für den schreiber nur von geringer bedeutung sein können.

ies 127, 2045, *ietes* 2638, *tierz*[3] 484, 588, 1979, 2790, 3842, wogegen *terz* 1917.

Die vom futurum auf analogem wege auf das imperf. übertragenen formen *iert* 736, 994, 996, 2065, 3888, *ierent* 422 (siehe unter *ie*) sind speziell im pikard. üblich.[4]

Nebentoniges e im wechsel mit *a* unter dem einfluss bestimmter consonanten oder der dissimilation, ist unter *a* besprochen. Durch assimilation an die tonsilbe ist *e* für *o* eingetreten in *demeinne* 760, durch dissimilation *hennouré* 3405,

---

[1] Förster, Aiol, anm. zu 146. [2] Rom. Forsch. II, 548. [3] Schwan², § 67, 91 anm. [4] Schwan², p. 534.

3878, 3924 *gloutenie* 2130, *volenté* 820, 3227, 3312, 3498, 3880, *ordener* 2182, *volentiers* 291, 2758.

Vortoniges e entspricht lat. *a*, das nach ausfall isolierter consonanten in hiatus zum betonten vokal trat z. b. *péeur* 382, 955 . . ., *pechéeur* 362, *sauvéeur* 2998, *emperéeur* 991, *portéure* 59, *boneéuré* 943, *séu* 1889, *chéi* 2101 etc.

I.

Frz. i entspricht zunächst lat. i in freier und gedeckter silbe. beispiele bieten die reime in menge; besonders ist vielleicht *espir* zu bemerken, das sich 304 im reim zu *obéir* vorfindet; daneben sonst nur *esprist*.

Zweitens entsteht frz. *i* aus *lat.* ĕ + *i*, das bekanntlich in den einzelnen dialecten verschiedene behandlung erfährt. Wallon. lothr. u. burg einerseits weisen die entwicklg. *ei* auf[1], der wir auch in den mundarten des westens begegnen, obgleich sich in diesen schon gegen das ende des 12. jhs. eine starke beeinflussung der centralen mundarten feststellen lässt. Diese andrerseits entwickeln *lat.* ĕ + *i* über den triphthong *iei* hinweg zu einfachem *i*, welches die reime für den verfasser unseres denkmals sichern. In betracht kommen das franz. champ. pikard. und das spätere gemeinnormannische, einschliessl. des anglonorm., während das südnormannische mit dem westen geht.[2]

481 *despit* : *tuit*, 633 *mist* : *despist*; ähnlich 1363, 1635, 1733, 1739, 2137 . . .; 2997 *Crist* : *eslist*, 577 *mist* : *eslist*; 1819 *Juis* : *pis*.

Hierzu gehören auch die wörter *sire*[3]: 1421 *sires* : *mires*, 2979 *sire* : *ire* und *eglise*[4] z. b. 109 *eglise* : *mise*, 2955 : *devise*.

Für den schreiber ergibt sich die gleiche entwicklung, z. b. 128 *delist*, 165 *eglise*, 2505 *emmi*, 3752 *mie-nuit*, 3832 *pis*, 3777 *lit* u. m. — *i* ist ferner entwickelt in dem lat. suffix *-erium* und durch den reim 3845 *avoutire* : *dire* belegt. Für einen bestimmten dialect ist dasselbe nicht charakteristisch, es begegnet oft und ist weit verbreitet.[5]

---

[1] cf. Thomsen, Rom. V, 71.
[2] Schwan², § 92; Förster, Cliges LVI; Schultzke p. 37; Raynaud p. 11; Oörlich, nordwestl. dial. p. 32; Kehr Livre p. 48; Rom. Forsch. II, 588; Uhlemann, p. 666.
[3] Meyer Lübke, Gram. I, p. 520.
[4] Albert, Beaumanoir p. 14; Arch. LXXVII, 340. Meyer, Rom. XX, 319; Förster, zs. III, 602; Schwan, zs. XII, 196.
[5] cf. Auler, p. 48; Metzke, Arch. 64, 405; Settegast, Benoit p. 16.

Besondere beachtung erfordern die lautgruppen -*if*, -*iv* + *s* und -*il*, -*ill*, -*il͂* + *s*, die durch ihre behandlung im pik. wallon. ein wesentliches kriterium für die heimat eines textes zu geben vermögen. In diesen dialecten wird sowohl *l* als v (f) vor cons. zu *u* vokalisiert, so dass der diphthong *iu* entsteht. Die reime unsers textes schliessen, was zunächst *ivus* betrifft, eine vokalisation des *v* aus und bestätigen den in den übrigen dialecten Nordfrankreichs stattfindenden ausfall des labials vor flexivischen *s*. cf. 753 *Paradis*:*chetis* 797 *mis*:*vis (vivus)* 1997. Auch für den schreiber, was zwar zufall sein kann, ist kein fall von dem übergang des *ius* < *ivus* nachzuweisen.

Anders steht es, sowohl für den schreiber wie für den verfasser, um die behandlung der lautgruppe -*ils*. Zwei reime kommen in betracht, die uns allerdings die entgegengesetzten erscheinungen belegen. Der eine 2845 *Tant que il eurent douze fluz*: *Et biaus et genz et parcréuz* beweist die vokalisation, während der andere 2205 *Diex li Peres, Jhesus li Flz*: *Et méismes li Sainz-Espriz* für die ausstossung des *l* vor *s* eintreten würde, wenn nicht offenbar der reim bei diesen ausdrücken, die in dieser feststehenden formel schon die geltung von eigennamen haben, entscheidend gewesen sein dürfte. Die ausstossung des l hat ausser den ostfranz. mundarten ihre heimat im norm. frz. u. champ., ist den dialecten des mittleren Nordfrankreichs eigen und findet im westen in Anjou weitere belege, während die pik. wall. dialectgruppe u. im westen Maine, Berry u. die Bretagne vokalisation des *l* vor *s* aufweisen[1].

Die gleiche erscheinung der vokalisation zeigt dem schreiber in vielen belegen cf. *periuz* 1926, *gentius* 3724, *fiuz* 97, 614, 741, 762, 770, 991, 1049, 1677, 1740, 2199, 2865, 2965, 3365, 3465, 3551; *cius* (ecce ille + *s*) 325, 870, 1420.

In *vortoniger* silbe ist *l* nach *i* vor cons. vokalisiert in *viute* 3520, 3821, 3828, 3880 neben *vilté* 2384, *soutiument* 3600 neben *vilment* 476, 734, 1902.

Beispiele für den weiteren übergang dieses aus *il* + cons. entstandenen *iu* zu *ieu*, ebenfalls eine pik. eigentümlichkeit, finden sich nicht im texte.

---

[1] cf. Suchier, Auc. p. 61; Auler, p. 97; Görlich, nordw. dial. p. 59; Raynaud, Ec. des Cl. 37, 16; Rom. Forsch. II, 616; Förster, Cliges LXVIII; Neumann, p. 42, 66.

Das lat. suffix -*itium*, -*itia* hat ausser der unter *e* besprochenen entwicklung zu -*esce* noch die doppelte entwicklung zu -*ise*, -*ice*. Die reime weisen kein dem späteren pik. eigentümliches *service*[1] auf, im gegenteil mehrfach das ältere *servise* mit lat. -*ise* gebunden. Nur das gelehrte *joustice* 409 ist mit *vice* im reim zusammengestellt. Der schreiber weist dagegen verschiedene -*ice* auf, z. b. *service* 2589, 2682, 2894, *malice* 1873 neben *servise* 3288, 3410.

Ferner lassen sich für den schreiber noch folgende sprachliche eigentümlichkeiten, wenn sie zum teil auch nur andeutungsweise vorhanden sind, erwähnen: die im pik. wallon. stattfindende und auch dem lothr. burg. nicht fremde reduction des diphthongen $i > ie$[2], z. b. *souvigne* 2473, *revigne* 2593, *bienvigna* 1658, *vigniez* 1107, *bienvignant* 1505; ferner der wechsel von *i* und dem diphthongen *ei* od. *oi* vor mouillierten consonanten vor der tonsilbe, wie er im pik. wallon. u. lothr. auftritt[3], z. b. *reconnissoit* 1281, *apparillie* 2493, *issi* 1950, 3058, *issoient* 3576[4]; vor einfachem *s* *mesprison* 1247 neben *mesproison* 1132.

Vortoniges *i* steht für lat. *e* in *crier* = *creare*. z. b. *criez* 2175, *criast* 2042, ferner statt frz. *e* in *giter*. Friedwagner p. 42 vermutet hier ursprüngl. *ie*, erzeugt von dem vorausgehenden *g* u. reduction des $i > ie$. Hier, wo die parallele *gieté* fehlt, scheint die beeinflussung der endungsbetonten formen durch die stammbetonten näher zu liegen[5]; belege: *giter* 83, 128, *gité* 162, *gita* 719, *gitez* 596, 800 ...;

In anbetracht der häufigen pikardischen erscheinungen sei hinzugefügt, dass weder für den schreiber, noch für den verfasser zwei der hauptmerkmale dieser mundart festgestellt werden können: die pronomina *mi, ti, si* für *moi, toi, soi* und die infinitivendung -*ir* aus -*oir* bei den verben *veoir, seoir, cheoir*[6].

Die reime -*irent* und was sich an sie an erörterungen knüpft, werden beim verbum betrachtet werden, ebenso die reimwörter *creï, creïsses*.

---

[1] Förster, Cligés LVII. [2] Suchier, Auc. p. 67. [3] Suchier, Auc. 67; Neumann, p. 53; Förster, Chev. as II esp. XXXIX. [4] bei *issir* können auch die stammbetonten formen eingewirkt haben. [5] Schwan, § 60 anm., § 121³. [6] Auc. p. 116, 118; Förster, Aiol XXXIX.

O.

und die aus vulg. lat. ǫ entwickelten diphthonge *ou* u. *eu*.

Orales geschlossenes o (= lat. ō u. u) in freier silbe ist, zunächst vor r, in der überlieferung mit wenigen ausnahmen wie *lor* 1394, *sor* 3581 durch *ou* u. zahlreicher durch *eu* vertreten. *Ou* muss auf grund der reime dem verfasser bereits zukommen cf. 835 *amour : jour*, 2435 *amour : doucour*, 2593 *jour : demour*, 3743 *jour : tristour*. Der schreibung *ou* steht normannisches *u* zur seite in *péur* 1759, 2341, das allerdings bei der seltenen vertretung des oralen *o* durch *u* leicht ein schreibfehler sein kann, indem der copist das zweite e in *péeur* übersah.

Beweisen die reime von *our*, späterem *eur*, zu *our* derjenigen wörter, welche an der weiterentwicklung von *ou* > *eu* nicht teil nehmen, nun auch, dass die formen mit *o*, resp. *ou* dem verfasser geläufig waren, so beweisen sie noch nicht, dass er schon *eu* gesprochen hat. Denn in allen dialecten finden sich bis ins 15. jh. durch den sich forterbenden reimgebrauch unterstützt, formen mit *ou* in den wörtern auf lat. *-orem*, *-ores*, selbst bei dichtern, deren dialect ein frühes auftreten von *eu* eigen ist.

Nicht viel besser steht es um die mit französisch erhaltenem *ou* reimenden nomina agentis auf *-atorem*, die in 1143 *amour : empereour*, 2629 *pecheour : amour* zu belegen sind. Im versinnern begegnet nur *pechéour* 743. Immerhin sprechen sie für Ile de France, wo sie hauptsächlich und besonders in späten urkunden noch auftreten [1], und allenfalls auch für die Champagne, da die formen *-or* bei Joinville noch dominiert haben sollen.[2]

Dagegen steht es wesentlich anders um das lat. suffix *-osus*, dessen entwicklung zu *eus* durch den reim 885 *teus : precieus* gesichert wird; cf. hierzu 2891 *neveus : vieus* und die entwicklung von *o* > *eu* ist für die ursprüngliche mundart als vorhanden zu betrachten.

Das normannische kennt *ou* (eu) aus *o* nicht, den östlichen und westlichen mundarten ist die entwicklung von *o* bis zu

---

[1] Metzke I, 26, Arch. 64, 408. [2] Nat. de Wailly, p. 414.

eu fremd geblieben, folglich können nur Ile de France und Pikardie für den dialect des verfassers in betracht kommen.[1]

Der schreiber hat mit geringen ausnahmen immer *eu*, also würde auch er in diesem punkte den genannten gebieten zuzuweisen sein. An belegen aus dem versinnern seien nur angeführt: *seul* 2896, 2728, *deus* 2803, *neveu* 3044, 3151, 3164, 3166, *pleure* 2729, *demeurt* 3384, *queurent* 2251 u. s. w., *super* gibt ausser einmaligem *sor* 3581 nur *seur* 170, 423 . . ., *deseur* 912; ebenso ist neben regelmässigem *leur* nur einmal *lor* 1383 zu finden; in vortoniger silbe steht *eu* in dem nach *hon, hons* analogisch entstandenen *preudon* 268, 1026, 1045; *preudons* 2312, 3311, 3746, 3753 . . .; *preudomme* 990, 1127, 1141, 1227, 1352, wobei sich *eu* durch die anlehnung an das selbständige *preu* (3004) erklärt.

Für den schreiber kommt jedoch, und damit gehen wir zur behandlung des *o* vor *nasal* über, ein normannischer zug hinzu, der sich in der wiedergabe des *o* durch *u* besonders in den verbalformen *-ons, ont*, resp. *uns, unt* äussert. Die vertretung ist nicht consequent durchgeführt, vermieden ist sie bei lat $\bar{o} + n$, $\bar{o} + n + cons.$, und $\breve{o} + nas.$, und schliesslich da, wo der silbenschliessende nasal erst im romanischen eingetreten ist. Satzunbetontes *on* begegnet zweimal als *um* 2419, 3562 und je einmal als *om* 1450 und *en* 936.

homo gibt als betontes substantiv nur *hon* oder mit analog. nom. *-s: hons.* z. b. 2667 *poisson : hon* (1045, 1199, 2003, 2495) und 1137 *hons : pourrions : cuidions* (3535). Die diphthongierung des lat. $\breve{o}$ vor nas., die im osten und nordosten Frankreichs[2] zu beobachten ist, wird durch diese belege ausgeschlossen.[3] Ausser *hon, hons* ist schliesslich noch die nach dem obl. gebildete form *hom* zu belegen in 389 *hom : Jhesum* (über die aussprache des *um* cf. 239 *Symom : Jhesum* u. Vollmöller, Brut XXIII)[4].

Dem schreiber ist die diphthongierung von $\breve{o}$ vor nas. gleichfalls fremd. cf. *hons* 1419, 2151, 2163, 2526, 2580, 2790, 3486,

---

[1] Schwan², § 162; Neumann. p. 45; Förster, Cliges LVIII, Chev. as II esp. XV; Tobler, Vrai Aniel XXIX; Gröber, Grd. I, 586.
[2] Förster, Cliges LVIII; Görlich, Nordw. dial. p. 47.
[3] hierzu auch 3005 oroison : son (sonum).
[4] desgl. auch Link, p. 18.

3678, 3787; um so mehr fällt es auf, dass er nur *boen* verwendet. Er nähert sich hierin der im pik. üblichen schreibung *boin*, wo das *i* unter dem einfluss des folgenden nasals entstanden sein wird und von den schreibern wie der nachlaut *i* z. b. im suffix *aige-aticum* geschrieben wurde. Möglich ist es ja auch, dass unser schreiber die diphthongierten formen *buen, boen* gekannt hat. Die schreibung *oe* weist ausser nach der Pikardie, wo sie seltener neben *boin* auftritt, nach der Normandie, Ile de France, Touraine und Berry, wo sie aus Urkunden häufig zu belegen ist.[1] In unserem denkmal: *boen* 18, 710, 928, 1187, 1238, 1352, 2806...; *boens* 600, 664, 815, 1241, 2366, 2495, 2545...; *boenne* 79, 599, 1019, 1190, 1583, 3261, 3912, 4006; *boenne* 25, 3306, 3954; *boennement* 2930, 2942, 3259.

Vulg. lat. o in betonter geschlossener silbe erscheint stets als *ou* z. b. *doute* 274; *court* 926, 927; *jour* 235; im reim *rescourre*:*secourre* 165; ferner *tout* 93..., *trestout* 114, *toute* 17, 34, 119..., *touz* 135, 278; und zwar ist zu bemerken, dass der nom. plur. *tout* jedenfalls nur dem copisten zukommt; wenigstens hat der verfasser das nicht-pikardische *tuit* mehrfach im reime verwandt. z. b. 481 *tuit*:*despit*; 875 *Esprist*: *trestuit;* 3237 *dist*:*tuit*. Im versinnern begegnet *tuit* nur 379 *tuit si compeignon*, 1904 *tuit morrez*, 1467 *tuit quidoient*, dagegen die pikard. form *tout* sehr häufig: 17, 207, 286, 421, 662, 894, 917..., *trestout* 1462, 1579, 1801 etc.

Offenes o. Nicht vor nasal stehendes offenes *o*, welches auf lat. ŏ in *position* und *au* beruht, ist immer als *o* vertreten, z. b. im reime 95 *chose*:*enclose*:*ose* (335, 3255, 3347):*parclose* (3225); 39 *rose*:*enclose;* *rose* ist auch sonst stets zu *o* gebunden[2], ebenso wie *escole* cf. 1493 *escole*:*fole*.

Mot, das schon im Rol. zu *o* gebunden ist, reimt auch in unserm text mit *o*, das aus *a + u*-element entstanden ist, in den norman.-französischen perfectformen der verba der *habui*classe. 1115 *ot*:*mot* (1271); 2285 *mot*:*plot*. (Weiteres über diese reime, wie über 1499 *sout*:*vout* siehe unter verbum.)

Lat. o in *position* enthalten die reime: 419 *mort*:*tort* 1441, 1463, 1777, 1880): *fort* (2341): *confort* (2787).

---

[1] Neumann, p. 44; Metzke Arch. 65, 75; Görlich, Nordw. dial. 47; Röhr, p. 11; Burgass, p. 19. [2] Stock, Rom. Stud. III, 455.

Vulg. lat. offenes o in freier silbe ist zu *ue* diphthongiert. cf. v. 201 *cuer : fuer : suer* (3925); 3991 *suer : puer*; die schreibung wechselt einige male mit *eu* u. *uue*, wir treffen aber kein schwanken mit nicht-diphthongierten formen, wie es norman. u. anglonorman. texte oft bieten. Aus dem versinnern seien beispielsweise angeführt:

uevre 106, 139; *uuevre* 3507, 3584: *euvre* 2831; *trueve* 714; *suefre* 2466; *cuevre* 2507; *pueple* 81; *muet* 1565; *puet* 230, 345; *puent* 2665; *estuet* 2820, 3508; *juesdi* 895, 318; *juedi* 319; *vuelent* 1752, 2116; *uelent* 1819 etc.; zweimal *u* in *avugles* 975, 1032.

Übergang von *ue* zu einfachem *e* fand in gedeckter silbe statt in *avec* 219, 241, 1262 ...; *aveques* 51, 810, 2362 ...; *ilec* 266, 271, 317, 399, 500, 524, 591; *ileques* 473; *icilec* 2875; *cileques* 797; formen, die besonders für den franzischen dialect als characteristisch gelten.[1]

Von *vouloir* sind die pik. praesens-formen *vieus* und *vieut* zu belegen[2]. Sie erklären sich nach Förster (Aiol 1195, nachträge) aus *neu* (= *ue* + vocalisiertes *l*) > *üeu* > *ieu*; *vieus* 1169, 1380 ...; *vieut* 1293, 1792, 1936 etc.

Vor mouilliertem *l* ist ebenfalls die diphthongierung des *o* regelmässig eingetreten: *je weil* 324, 1212 ...; *vueil* 416, 476 ...; *vueillent* 654; *vueille* 2331, 2926; *duel* 1010, 1016,; 2980; *bouchuel* 2013; *orgueil* 2092, 2358, 2952; *fueilles* 124.

In **vor-** und **nebentoniger stellung** wechselt *o* mit *ou*, doch so, dass letzteres bedeutend überwiegt: *boutez* 22; *fourma* 32; *demourer* 952, 961, 970 ...; *demoura* 54; *soufri* 140; *soufrir* 215; *trouva* 240; *plourer* 245 ...; *oudeur* 252; *doutoit* 204, 207; *aourer* 3923; *ourer* 2874; *louiers* 258, 444; *recouvrer* 260; *tourna* 473; *atourna* 553; *voulez* 530; *vouloit* 516 ...; namentlich wenn ein nasal vor consonant frühzeitig gefallen ist wie in *couvenoit* 82, *couvient* 149,; *couvenra* 651; *descouvenue* 812; *couvenance* 1870; *couvenoit* 3208; *moustra* 103, 374; *demoustrement* 2597; *moustrer* 831; *moustrez* 2767; *moustrance* 2885; *couvoitise* 2093; *coustume* 231 ...; vor mouilliertem *l* ist *ou* entwickelt in *despouillierent* 1056, *vouilliez* 2454, 3263. Einfaches *o* sehen wir z. b. in *morir* 104; *voloit* 105, 284; *volez* 289, 420; *soloit* 227; *do-*

---

[1] Neumann, p. 48; Röhr p. 17; Burguy II, 299.
[2] cf. auch Mussafia, zs. für östr. gym. 1877, p. 201; Förster Chev. as II esp. XLX.

leurs 9, 132, 992; *oblie* 3065; *movra* 2697; *movroient* 3740; *loer* 2992; *corage* 3226, 3804; *porras* 1380; *porra* 3162; *covint* 136 u. s. w.

Im anschluss an diese unter dem nebenton stehenden *o* oder *ǫ* seien die *personalpronomina* u. *praepositionen* genannt, die, obwohl selbständige wörter, durch ihre stellung im satze gleichsam wie unter dem nebenton sich entwickeln: *nous* 28, 90, 102 ...; *vous* 77 ...; *pour* 58, 118 ...; *souz* 200; nur ein einziges *o* begegnet in *por* 2997.

Vortonig ist *o* entstanden 1. durch assimilation eines im hiatus zu betontem *o* stehenden *e* an *o*: *vooir* 606, 1556, 1580 ...; *sooir* 2552, 2635; *rasooir* 1579; *benooit* 945, 2049, 2620; ähnlich ist aus *praepositus : prouvoz* 532 entstanden; 2. aus lat. *a*, das unter der einwirkung eines voraufgehenden labials sich zu *o* verdunkelte, in *espoventez* 1743.

Ursprünglich *nebentoniges o* ist andrerseits zu *e* geschwächt in *hennouré* 3405, 3878, 3924; *demeinne* 760; *dolereus* 2582; *dolereuse* 2842; *sereur* 2307; *serourge* 2309, 2494; *gloutenie* 2130; *volenté* 820, 3227, 3312, 3498, 3880; *volentiers* 291, 2758; *ordener* 2682.

U.

Zu *u* = vglt. geschlossenem *u* ist wenig zu bemerken; die reime von *u* zu dem diphthongen *iu* werden unter diesem letzteren besprochen; es bleibt nur der reim 1347 *Et dis qu'ausi nez fussé-ju : Dou mal et de la mort Jhesu* zu erörtern. *ju* als product von *ego* findet sich im burgund. u. lothring. nachgewiesen[1]; da jedoch diese beiden mundarten so gut wie ausgeschlossen sein werden für die ursprüngliche mundart des textes, so werden wir auf die erklärung von Andresen p. 40 zurückkommen müssen, der diese form aus reimnot angewendet sieht.

Aus dem versinnern ist nur die gelegentliche vertretung des vortonigen *u* durch *ou* zu bemerken in *joustice* 409, 1054, 3849.

Ai und Ei.

Ai entsteht aus lat. *a* vor nasal, aus *a* + epenthet. *i*, das auf vokalisation von palatalen zurückgeht, aus *a* + attrahiertem *i*

---

[1] Budenick, Lat. ego im afz. Halle 1835

der folgenden silbe; *Ei* geht zurück auf vglt. e vor nasal, das bekanntlich gemeinfranzösisch keine weiterentwicklung zu *oi* erfährt (abgesehen von den aus gewissen dialecten übernommenen *avoine, foin, moins*). Für den copisten sind die beiden diphthonge in jeder stellung, sei es vor consonanz, sei es in ungedeckter stellung zusammengefallen. Er stellt beliebig *ai* durch *ei* dar, er bevorzugt sogar *ei* vor *ai* und schreibt andrerseits *ai* für ursprüngliches *ei*. Ebenso müssen auch für den verfasser *ai* und *ei* bereits einen gemeinsamen lautwert haben, und zwar zunächst vor nasal, wie sie in den reimen 3147 *Alein : plein;* 2523 *mein : plein;* 607 *Madaleinne : certainne* mit einander gebunden sind. Der gemeinsame laut wird offenes *e* gewesen sein, darauf deutet auch 235 *Cene : Madaleinne* und 3583 *reviegnent : repreignent.* Dann aber ist vor mehrfacher und sogar vor einfacher consonanz der übergang zu offenem *e* sichtbar schon vorhanden, cf. 3167 *estre : meistre;* 2503 *mest : plaist;* (*s* hat nur graphischen wert) und 593 *entrefeites : profetes;* vielleicht darf noch 3401 *neistra : estera* herangezogen werden, obgleich in diesem reim der gleichklang der letzten silbe ja genügen würde.

Auf dem continental-französischen sprachgebiet kommt diese vereinfachung am frühesten und ausgedehntesten in der Normandie, Ile de France und Champagne vor, während das pikardische noch nach der mitte des 13. jhs. *ai* als diphthong aufweist. Im anglonorm. wieder ist der übergang von *ai* > *ę* sehr früh und zwar seit Fantosme zu belegen; auf diesen dialect führt uns nach Kochwitz (zs. II, 618) auch eine zweite erscheinung, die bindung von *ai : oi* in 3099 *Ainsi prist Ennemis à feire: Homme de sens et de memoire.*

Sämmtliche mundarten Nordfrankreichs zeigen mit ausnahme des pikard., das sich erst später anschliesst, nicht vor dem zweiten viertel des 13. jhs. den übergang von *oi* > *oe;* unser denkmal müsste dann sehr spät anzusetzen sein, wenn der zweite teil des diphthongen *oe* mit *ę* (aus *ai*) reimen sollte.

Nach Förster (zs. f. östr. gym. 1875, p. 540) gibt es im osten des *oïl*-gebietes dialecte, die *oi* wie *ai* sprechen, nicht allein vor *n*; ihr gebiet ist jedoch nicht bestimmt. Aus der mitte des landes sind die frühesten bindungen von *ai : oi* erst im Rosenroman belegt[1], und was das anglonorm. betrifft, so fehlen die belege ähnlicher reime. Eine beziehung bleibt noch, solange wir an dem vorliegenden reim unverändert festhalten, d. i. die von Burgass (p. 27, 28) im dialect des 13. jhs. und im modernen patois des Pays du Bray u. von Rouen festgestellte wandlung des *ai > oi* hinter labialen; z. b. *foire = faire; moison = maison;* wäre das auftreten dieser erscheinung in den mittelalterlichen texten nur weniger sporadisch, würde ja mit obigem reim auf ein sehr engbegrenztes gebiet verwiesen sein. Gewagt bleibt es jedoch immer, die fixierung eines denkmals auf einen einzigen reim zu basieren, zumal wenn dieser auch als ungenauigkeit aufgefasst werden kann. Denn der copist könnte, bestochen durch die vers 2147 auftretende gleiche wendung „*sens et memoire*" dieselbe wiederholt haben, aber auch der verfasser durch sie zu einem fehlerhaften reim verleitet worden sein. Als änderung liesse sich vielleicht einführen: *de pute aire* od. *de sen aire?*

Für den copisten seien nur wenige beispiele für *ei = ai* angeführt, so *mauveis* 18, 210; *mauveise* 181; *meis* 149; *meintes* 213; *germein* 309, *eide* 366; *meins* 428, 430; *gueites* 478, 589; *veinne* 838; *pleist* 693; *ai* in *plaies* 557, 570; *fait* 611; *ainz* 366; *delaiement* 1692; *saint* 93, 156; *vraiement* 791, 883; *vrais* 593, 2180 etc.

Vor *r* ist der übergang von *ai* über *e* zu *a* belegbar in *larmes* 347. Gleich dem übergang von vortonigem *e > a* vor *r* ist diese erscheinung seit dem anfang des 12. jhs. eine eigentümlichkeit des französischen und zuerst bei Rustebeuf zu verzeichnen[2]. Da reime fehlen, kommt dieser zug für den verfasser nicht in betracht. Ebenso fehlt der der Champagne und dem osten eigentümliche zug des übergangs von *ei > oi* vor nasal, der auch dem copisten abzusprechen ist, cf. *pleinne* 35, 1660, 2561; *peinne* 130, 214, 3472, 3619, 3990; *au meins* 3536.

In **vortoniger** silbe ist die schreibung *ai* noch seltener als in haupttoniger stellung: *fleiranz* 37; *meison* 60, 78; *meisnie* 133; *leirons* 357; *beisa* 385; *greigneur* 400; *veissel* 395,

---
[1] Auler, p. 54.
[2] Schwan, § 273; Metzke, Arch. 64, 393.

397 ... Nur ganz vereinzelt *ai* in *raia* 560; *esmaie* 3293, *delaiement*; einmal ist bereits *e* zu treffen: *flereur* 251.

Auf dissimilation führt Schwan (§ 486) das vortonige *e* der futur- und conditionalformen von *faire* zurück, da *ferai* schon Alexius 31ª zu belegen sei, wo der diphthong *ai* noch keine vereinfachung erlitten haben könne. Aus unserm text cf. *feras* 2466; *fera* 1895; *feron* 2808; *feruns* 2853; *ferez* 3112; *ferunt* 3694; *feroie* 3082; *feroit* 2154.

Ie

Franz. *ie* entstanden 1. aus vglt. offenem *e* in freier silbe, 2. aus lat. *a* in dem suffix *-arius, arium*; 3. ' aus lat. *a* hinter *i*, hinter palatalen u. nach mouillierten consonanten[1], ist, abgesehen von den reinen bindungen von *ie : ie*, in einer beträchtlichen anzahl von reimen mit *e* gebunden. Von diesen letzteren seien zunächst indessen diejenigen ausgeschlossen, bei denen vermischung ohne bedenken stattfindet, wie dies der fall ist 1. bei wörtern, die doppelformen im afz. besitzen[2], also bald mit *ie*, bald mit *e* gebunden werden können; z. b. begegnen im reime zu *e*: 2713 *assemblé : pité*; 711 *adirez*; *ostelez*; 2175 *criez : irez*; 3071 *pensez : irez*; im reime zu *ie*: 49 *irié : pourchacié : engignié* (3705); 1203 *proié : amistié*; 1685 *pitié : alegié : pechié* (2463) : *prié* (2877) : *baillié* (3428) : *merveillié* (3855); 2. sind diejenigen wörter auszunehmen, in denen *ie* aus lat. *a* in offener silbe entstand nach einem *i*, von dem es ursprünglich durch eine dentalis getrennt war: z. b. 2971 *marié : ramené*; 3503 *conter : oublier*; 2329 *crier : sauver*; 3129 *devier : trespasser*; *oublierent : donnerent* 1709; 379 *entrerent : esfreerent*. In 427 *s'escrierent : ierent* bleibt es unentschieden, ob die imperfect-form *ierent* auf rechnung des verfassers oder des copisten zu setzen ist.

In 1953 *Vaspasyens : tens* u. 2405 *tens : endurens* (für *enduriens*) wird mischung nicht anzunehmen sein, da *-ien* selbst in den sorgfältigsten texten mit *-en* gebunden wird. (cf. Münch. Brut 487 *Troiens : tens*; Roman de Rou 208 *tens : paiens*; Rich. li biaus 2512 *paiiens : cens*)[3], das gleiche ist der

---
[1] Schwan, § 288; Grdr. I, 576.
[2] Koschwitz, p. 46; Ulbrich, za. II, 539; Buchier, Gram. p. 46.
[3] cf. Stock, Rom. Stud. III, 447; Pohl, Rom. Forsch. II, 343.

fall bei *ie* : *e* vor mouilliertem *n* in 3583 *reviegnent : repreignent,* ein reim, der im übrigen den schluss auf ein *reveignent* des verfassers gestatten würde. (cf. Iwein 2779 *reveignes : releignes*)¹. —

Thatsächliche mischung von *ie* u. *e* liegt nun in folgenden reimen vor : *-é : ié*: 3435 *larmoié : humilité*; 1249 *arrivé : envoié*; 2247 *trouvé : heittié*; 3823 *mené : proié*; — *ée : iée*: 69 *engenrée : saintefiée*; 429 *nestoiées : lavées*; 961 *senefiée : seelée*; 2233 *portée : gloirefiée*; — *ez : iez*: 2723 *voulez : priez*; 3929 *creez : oiez*; 3941 *esmaiez : tenez*; 3239 *povez : obéissiez*; — *er : ier*: 741 *envoier : sauver*; 1923 *errer : des voier*; 2303 *acheter : denier*; 2039 *nummer : merveillier*; 2497 *aler : peeschier*; 3617 *chier : acheter*; — *ere : iere*: 1741 *entiere : pere*; 3171 *arriere : pere*; — *erent : ierent*: 675 *brisierent : emmenerent*; 963 *pallerent : leissierent*; 1549 *prierent : encontrerent*; 1899 *esmaierent : demanderent*; 2053 *entrecolerent : beisierent*; 2127 *aporterent : leissierent*; 2335 *pallerent : ostroierent*; 2687, 2801 *alerent : leissierent*; 3525 *merveillierent : atropelerent*.

Diese zahlreichen belege beweisen, dass das Bartsch'sche gesetz nicht gewirkt hat oder dass bereits ausgleichung eingetreten ist, und zwar führen sie uns zunächst auf den anglonormannischen dialect, wo die ausgleichung der formen auf *ie* u. *e* am frühesten beginnt² und seit Fantosme³ *ie* u. *e* stets mit einander gebunden werden. Koschwitz⁴ behauptete auch für das continental-normannische diese mischung, beschränkte dies aber dahin, dass die neigung dazu nur im keime vorhanden gewesen wäre. Nun aber unterstützt Benoit, für den mischung angenommen werden muss, diese vermutung wesentlich, und Pohl⁵ wird nicht im unrecht sein, wenn er darin einen dialectischen zug erblickt, der von Poitou u. Touraine ausgehe. In der Touraine ist schon im 12. jh. mischung von *ie* u. *e* festzustellen⁶, da in den westlichen dialecten das Bartsch'sche gesetz keine geltung hat. Dagegen treten im übrigen continentalen französisch vermischungen erst später ein. Im französchen überwiegt im 13. jh. *ie* noch bei weitem und erst von der

---

[1] cf. Cligès LXII. [2] Uhlemann, Rom. Stud. IV, 588. [3] Vising, ss. VI, 378. [4] Koschwitz, Charlem. 42. [5] Rom. Forsch. II, 347. [6] Koschwitz, Com. p. 208.

mitte des jhs. an werden die anzeichen der vereinfachung zahlreicher. So spät unser denkmal anzusetzen, geht aus andern gründen nicht an; wir müssen deshalb in dieser erscheinung entweder ein zeichen des anglonorm. oder eines durch die westlichen dialecte beeinflussten festländischen dialectes sehen, und hierbei würde eben zuerst das normannische in betracht zu ziehen sein. Aus norm. urkunden vom jahre 1245 an konstatiert Burgass, p. 24, die vereinfachung von *ie* > *e* ziemlich häufig; bedenken wir, wie viel später der fortschritt einer lautlichen entwicklung in der schrift zum ausdruck gelangt und wie lange das traditionelle im schreibgebrauche besteht bleibt, und setzen wir dieses alles in beziehung zu den bei Benoit festgestellten reimen, so werden für das normannische die anfänge der ausgleichung nicht spät anzunehmen sein und somit ist der norm. dialect bei der bestimmung der heimat unseres textes nicht ausser acht zu lassen. Eine andere erklärung der bindungen von *ie : e*, wenn auch von geringerem werte, mag in dem reimbedürfnis liegen, reimt er doch auch in *ui : i* und *iu : u* den zweiten teil eines diphthongen mit dem einfachen vokal. Die in doppelformen existierenden wörter, deren zahl keine geringe war[1], können überdies den verfasser ebenso mit veranlasst haben, sich solche reimfreiheiten zu erlauben.

Ein anderes *ie* entstand durch reduction von *iée*[2]. Es ist dem schreiber geläufig und für den verfasser durch reime gesichert: 147 *espuisie : Marie*, 777 *foïes : haschies*, 2126; 2126 *genelogyes : foïes*; 3967 *foïe : prie*.

Diese verwandlung weist nach dem pik. wall. lothr. gebiet und zwar tritt sie im pik. zuerst auf, jedoch nicht vor dem 3. drittel des XII. jhs. Im dialect von Ile de France wird sie zwar auch urkundlich belegt, ist aber nur auf die schreiber zurückzuführen und kein characteristicum der mundart; das gleiche gilt für die übrigen mundarten.

Für den copisten lassen sich anführen: 569 *torchies : nestoïes*, 3529 *brisies : depecies*, 3865 *engignie : jugie*, 226 à la foïe, 2493 *apparillie*, 3950 *conseillies*.

---

[1] Ulbrich, ss. II, 529; Suchier, Gram. p. 46.
[2] Paris, Alex. p. 267; Suchier, Auc. p. 67; Förster, Cliges p. LXIII; Metzke, Arch. 65, p. 70.

Oi.

Von den drei arten des diphthongen *oi*, die im 12. und 13. jh. im frz. noch zu scheiden sind, sei zuerst *oi* als fortsetzung des aus vglt. *e* hervorgegangenen *ei* besprochen. Demselben stehen im innern der verse nur vereinzelte *ei* zur seite, die sich teils als schreibfehler, teils durch die umgebenden consonanten oder die stellung im worte erklären lassen; sonst stets *oi*. Da der übergang von *ei* > *oi* bereits seit der mitte des 12. jhs. vollzogen ist, kann dieses kriterium für die abfassungszeit unsers textes nicht mehr in betracht kommen, wohl aber gewährt es für die dialectfrage folgerungen von grosser wichtigkeit. Das normannische und der ganze westen entwickeln vglt. *e* nicht über *ei* hinaus und verdanken das *oi*, welchem wir seit der mitte des XIII jhs. in urkunden und vordem gelegentlich in reimen zu anderm *oi* begegnen, nur centralem einflusse. Nun könnte *oi* in userm texte immer noch vom schreiber hergestellt sein, enthielt nicht eine anzahl von reimbelegen *oi* (aus *ei*) zu *oi* (aus lat. $au + i$ od. $\breve{o} +$ *i-element*) gebunden und wiese in diesem punkte verfasser und schreiber dem gleichen dialectgebiete, einem gebiete der mitte oder des ostens Nordfrankreichs, zu. An belegen cf. 497 *osteroie : joie*; 1217 *oie : croie*; 3397 *joie : moie*; 1253 *oit : mandoit : quidoit* (3205); 3357 *voit : droit*; 1557 *estoient : oient*; 2683, 3487 *voire : estoire*. — Einen weiteren beweis für den ausschluss des normannischen und der westlichen mundarten bieten die **imperfectformen der verba der I. sw. conjugation** dar, die in sehr zahlreichen belegen zu den imperfectformen der übrigen conjugationen gebunden sind. Das norm. und der westen haben die lat. endungen *-abam* etc. zu *oe, oue* weiter entwickelt, während die centralen u. östlicheren mundarten die endung — *eie* sich auf alle conjugationen ausdehnen liessen. Ausgeschlossen sind endlich auch die nordöstlichen und östlichen gebiete, wo die endungen *-eve* und *-ive* als fortsetzungen von *-abam* u. *ibam* bis ins XIII. jh. erhalten blieben.[1] Belege für die mischung der conjugationen z. b. 1593 *avoie : portoie*, ähnlich 1941, 2547, 2857; 19 *departoient : aloient*; so 223, 491, 519, 557, 755, 807, 897, 1033, 1299, 1377,

---

[1] Grd. I, 600, 613; Görlich, Nordw. dial. p. 87.

1825, 1831, 1873, 2375, 3549, 3563, 3669; 233 *donnoit : estoit*, 227 *soloit : redoutoit;* ähnlich 247, 321, 431, 555, 709, 723, 735, 859, 1005, 1125, 1231, 1281, 1341, 1419, 1471, 1485, 1519, 1817, 1857, 2307, 2311, 2367, 2479, 2689, 3265, 3269, 3561, 3749, 3833, 3881, 3903, 3927, 3953, 3957, 3975.

An die besprechung der reime von $oi =$ vglt. *e* schliesst sich die betrachtung der in diesen bindungen stehenden **personalpronomina** an. Die pikard. formen *mi, ti, si* sind wie gesagt gänzlich ausgeschlossen u. treten auch im versinnern nirgends auf; cf. die reime *croi : moi* 739, 2213, 2321, 2765, 2999; *moi : foi* 3943; *croi : toi* 947; *roi : toi* 1801; *toi : desroi* 1867; *quoi : toi* 4015; *croi : soi* 3483. Aus dem reim 3063 *Et ceus qui se tiennent à moi : Que il s'en gart, car je l'en proi*, ein *mi* auf grund der im texte ebenfalls vertretenen doppelform *pri* zu erschliessen, würde unberechtigt sein; unser verfasser kennt also nur die franz. u. champ. formen.[1] In bezug auf die verwendung von *prier* u. *proier* schwanken verfasser und schreiber sowohl in den stamm- als auch endungsbetonten formen, wie wir es im franz., champ. und pik. vertreten finden. An belegen sind einerseits: 1733 *pri : ami;* 1739 *respondi : pri;* 3968 *foie : prie;* andrerseits: 795 *proi : moi;* 2919 *proi : loi;* aus dem versinnern *je vous pri* 1509, ähnlich 2854; *je l'en proi* 3044; an endungsbetonten formen z. b. *pria* 2394; *priez* 3223; *priée* 3829; *prier* 2421; *proia* 2711; *proié* 1203, 3824.

Zu oi^2 (= lat. *au* oder $\breve{o}$ + epenth. *i*) ist, nachdem die bindungen zu oi^3 = vglt. *e* erörtert sind, wenig hinzuzufügen. Lat. $o + i$ im suffix *-oria* wird durch die reime 2687, 3487 *estoire : voire* in seiner entwicklung zu *-oire* bestätigt, das anglonorm. *-orie* ausgeschlossen; auch im versinnern nur *-oire* z. b. *estoire* 3192; *memoire* 2147.

Ein reim von oi^2 zu oi^1 (= $\bar{o} + i$) findet sich nicht, so dass ein schluss, wie weit sich die beiden diphthonge einander genähert haben, nicht möglich ist. Für den copisten lässt er sich vielleicht aus der schreibung *oui* ziehen in den wörtern *crouiz* 456, 474, 493, 513, 525, 550, 645, 746, 773; *vouiz* 421, 494,

---

[1] Förster, Chev. as II esp. XXXIX, Cligès LXVIII; Wailly, Joinville p. 418. Metzke Arch. 65, p. 63.

1929, 1940, 2773 ..., *noviz* 1930, neben denen nur einmal *voiz* 3412 begegnet; wohl aber *oi* in andern wörtern: *connois* 839, 3209; *reconnois* 1278; *connoistre* 367, 738; *voil* 1339; *oint* 247 etc. *oi*[1] scheint im übergang zu *òi* begriffen, ein prozess, der sich seit dem ersten drittel des XIII. jhs. verfolgen lässt und für gewisse dialecte (pikard.) bereits früher als characteristisch anzusehen ist.[1] Vor dem ton begegnet *oui* nur in *agenouilla* 242, 863, 2432. Vor *nasal* ist *oi*[1] zu belegen in den reimen 1449 *besoigne : temoigne* u. 3935 *besoig : soig;* die beiden letzten formen sieht Förster (Aiol LI) als pikard. an; das innere der verse bietet hierfür noch *besoig* 1523, 3935, 3945, 3947; *loig* 3088, 3673.

Das dem champ. und dem osten eigentümliche *oi* vor mouilliertem *l* fehlt sowohl dem verfasser wie dem schreiber, ebenso beiden ein *oi* in der endung des II. plur. fut.[2]; cf. *conseil* 661, 666, 751 u. s. w. und die reime: 449 *demandez : vourez;* 559 *rendez : raverez;* 1099 *volez : orrez;* 1575 *seez : verrez;* 2977 *voulez : donrez.*

Für zu erwartendes *oi* = vglt. *e* findet sich *e* in *cele* 3044 (*celat*) neben dem regelmässigen *coile* 2833; jedoch keines von beiden im reim.[3]

In **vortoniger** silbe wechseln *e* u. *ei* in den futur- und conditionalformen von *croire* z. b. *crerei* 2223, *crerunt* 3262, *creroient* 2337 und *creirei* 2081, *creiras* 992, *creira* 3011, *creirunt* 157, 3187, *recreirunt* 2821: *ei, oi* u. *i* in den von *exire* abgeleiteten formen: *eissil* 2349, *oissi* 1980, 2252, 2529, *oissir* 3091, *issir* 3467, *issi* 3058, *issoient* 3576; *oi* ist für *ai* vortonig eingetreten in *oroison* 3005, 3437; *achoison* 405, *achoisonnerent* 1310, *achoisonner* 1324, *chetivoison* 129.

Zu *mesproison* 1132, 3341 mit regelmässigem *oi* ist die nebenform *mesprison* 1247 zu erwähnen.[4]

Schreibfehler sind *aveit* 2481, *aveir* 1359.

Ui.

Der diphthong *ui* entspricht 1. lat. class. *u* + nachtonigem *i* z. b. 309 *andui : celui;* ähnlich 2487, 3531, 3895, 3985; 2. lat. $\bar{o}$

---

[1] Förster, Aiol. XXXIX; Rossmann, Rom. Forsch. I, 162.
[2] Burguy II, 231; Förster, zs. f. östr. gym. 1884, p. 187. Cligès LXIV.
[3] cf. dagegen Cligès vers 1046/49.
[4] Förster, Chev. as II, esp. XXXIX; Neumann, p. 53.

unter einwirkung eines nachtonigen *i* in *tuit*[1], cf. 481 *despit: tuit*; 3237 *dist : tuit*; 875 *Esprist : trestuit*; 3. lat. *u* + epenth. *i* 1887 in *destruire : muire*, ähnlich 1897, 2235, 2389, 3839; 4. lat. ŏ + epenth. *i* z. b. 3277 *dist : quit*: 3547 *nui (*tnoctum): vaussist*; 3751 *ocist : nuit (noctem)*; 693 *muire (*moriat): nuire*; 997 *mis : wis (*ostium)*; 1925 *resurrexiz: ennuiz*; 315 *Arimathie : ennuie*; 351 *truissent : puissent* u. m.

Die reime auf *ui* erlauben zwei nach verschiedenen seiten gehende beobachtungen. Erstens, was die betonung des diphthongen betrifft, so besagen die bindungen von *ui* zu einfachem *i* (ausser den genannten cf. die reime 829, 1027, 1911, 1897, 2235, 2253,), dass úi steigender diphthong geworden ist. Für die abfassungszeit ist dieser schluss von geringer bedeutung, denn der übergang zum steigenden diphthongen lässt sich früh belegen. Schon bei Wace ist die verwendung von *uí* zu finden und nur der dialect von Ile de France weist längere zeit noch bis zu Rustebeuf fallende betonung auf. Wenig beweisen auch die reime von *lui* zu einfachem *i*, da die vermischung der betonten form dieses pronomens mit der unbetonten sehr früh auftritt. (Rol.); cf. aus unserem text 1799 *devers li : ainsi*, 2301 *departi : li*. Wichtiger ist die zweite erörterung, welche sich an die bindungen von *ui* (= ŏ + *i*) : *ui* (= lat. *u* + epenth. *i*) anschliesst, da reime wie *destruit : vuit*, *destruire : muire* die entwicklung des lat. ŏ + *i* > *ui* für die ursprüngliche mundart sichern[2]. Lat. ŏ + *i* entwickelt sich im südnormannischen über *uei* > *ei*, an welchem vorgang die mundarten des westens teil haben. Der osten des *oïl*-gebietes bietet die einfache zusammenstellung *oi*; der diphthong *ui* beschränkt sich auf das gemeinnormannische, das franz. champ. gebiet und allenfalls das der Pikardie. Denn in diesem begegnen wir vielfach doppelformen, namentlich in den teilen, die dem wallonischen näher liegen, während die südlichen, nach dem franz. hin, mehr *ui* aufweisen. Unser text weiss nichts von doppelformen, z. b. *andui* 47; *puis* 99, 143; *espuisie* 147; *nuiz* 2087; *nuist* 366; *puissent* 1292; *puisse* 2270; *vuit* 2818; *uis* 675; *buie* 1788; ebensowenig in vortoniger silbe ein

---

[1] Schwan, § 58; Förster, Aiol: *tuit* < **totti*.
[2] Schultzke, lat. ŏ + i § 5; Schwan, Rom. St. IV 355; Förster, Cligès LXV; Aiol XXXIX; Görlich, Nw. dial. p. 50.

oi; wohl aber wechselt mit *ui* das aus *oi* überleitende *oui* ab; z. b. *puissance* 107, *puissant* 1317, *huimeis* 3285 und *pouissanz* 1214, 1444, 3860. Üb. *crouiz, vouiz* cf. oben.

Au, Iau.

au entsteht aus *a* + vokalisiertem *l*. z. b. 275 *loyaus : faus*, 3909 *maus : saus;* im versinnern *autre* 17, 96 ..., *faute* 2456, *defaute* 1940, *haut* 549, *vaut* 1930, *maus* 884, *senechauz* 219 u. m.; in vor- und nebentoniger silbe z. b. *autrui* 1994, 3532, *autant* 2677, *aucun* 1188, *autel* 1042, *sauver* 105, *pautonniers* 784 u. v. m.

Übergang von *au* zu einfachem *a*, der in jüngeren texten pikard. ursprungs zu finden ist, kann nur einigemale in vortoniger silbe belegt werden, so *maveis* 846, *saver* 139, *atrui* 1298; der umgekehrte fall *au* für *a* ist bei *chascun* vorhanden, das überwiegend durch *chaucun* vertreten ist, weniger jedoch auf grund lautlicher vorgänge als vielmehr der analogiewirkung des entgegengesetzten begriffs *aucun*. z. b. *chaucuns* 253, 662, 657, 843, 1126, 1129, 1280, 1485, etc.; *chaucune* 3483 und nur *chascun* 228, 2722, *chascune* 3484, 3508.

Nicht *vereinfachung des diphthongen,* sondern ausfall eines labials nach *a* haben wir in den gekürzten futur-formen der verben *avoir* u. *savoir.* beisp. cf. pag. 13.

au entsteht weiterhin aus lat. *ill + s* in dem pronomen *ille,* eine speziell pikard. erscheinung, der gegenüber die franz. u. norm. mundart *eus* entwickelte.[1] Der reim 53 *pastouriaus : aus* spricht dem verfasser diesen dialectischen zug zu; dem copisten scheint derselbe fremd zu sein. Denn nur ein einziges *aus* 1329 begegnet im innern der verse neben regelmässigem *eus* und *ceus.*

iau entsteht an stelle von *eau* aus lat. *ĕll + cons,* z. b. 53 *pastouriaus, biaus* 246, 736; *nouviaus* 3590, *veissiaus* 907, in vortoniger silbe *biautez* 36, 3993. Auch dieses ist eine pikard. eigentümlichkeit, sie hat sich jedoch über das ganze gebiet von Ile de France ausgedehnt und dort *eau* verdrängt; cf. sowohl Metzke, Arch. 65, 79 als *Röhr* p. 39.

Lat. *aqua* ist vorherrschend durch *iaue, yaue* vertreten, so 337, 340, 343, 354, 427, 1345, 2292, 2497, 2670, und nur

---

[1] Suchier, Auc. p. 66.

vers 158 ist *eve* zu belegen, die dem osten und westen angehörige form. *iaue* begegnet in der Pikardie, ist aber vornehmlich französisch.[1] Andere varianten der entwicklung von *aqua* sind nicht vorhanden; für die ursprüngliche mundart versagt der mangel an reimen eine folgerung. *Au* begegnet noch in der dem pikard. u. burg. eignen form *taule* 900, 2488, 2561; jedoch wird *au* hier nicht als diphthong aufzufassen sein, sondern als blosse schreibung für *av;*[2,3] neben *taule* stehen die gelehrten formen *-able* in *table* 240, 243, 2491, 2502, 2778, *fable* 2816, *Deable* 21, 134 etc. Die adjective auf *-abilis* zeigen nicht *-aule*, cf. *pardurable* 794, 831, 3399; *pardurablement* 910; reime fehlen.

Eu, ieu, iu.

Eu zurückgehend auf lat. *o* in offener silbe ist unter *o* behandelt. Es entsteht ferner aus frz. *el* vor cons. (= lat. *al* vor cons.) z. b. 845 *teus : precieus*, 2745 *iteus : Dieus*, 407, 3035 *queus*, 3599 *esperiteument;* endlich aus lat. *ill + s* in den pronominalformen *illos, ecce-illos*, die unter pronomen besprochen werden.

ieu, entstanden aus vglt. *e + l* vor cons., begegnet uns in *vieuz* 1330, und *mieuz* 74, 565, 1826, 2504, 3070, 3209, 3218, 4007; dann entsprechend lat. *e + u* in *Dieus* (hs. *Dieu*) 7, 50, 113, 165 ..., obl. *Dieu* 6, 44, 192 ..., doch tritt dieses *ieu* gleichzeitig mit dem in *locus* gemeinfranz. entwickelten *ieu* auch in der reduzierten gestalt *iu* auf cf. *Diu* 770, 3551. Wir treffen diese erscheinung *(iu = ieu)* namentlich im pikard.[4], wo ihr der übergang von *iu* (> aus *il, iv* vor cons.) > *ieu* parallel geht, können aber gerade diese belege auch viel in norm. und anglonorm. texten finden.[5] Die form *liu* kommt ebenso dem verfasser zu cf. 2483 *fu : liu*, 2505 *liu : tu*, wie sie für den copisten ausnahmelos zu verzeichnen ist. cf. *lius* 2171, 2527, 2531, 2536, 2779; *liu* 301, 352, 567, 800, 1133, 1721 etc.

---

[1] Görlich, Nordw. dial. 21; Förster, Cligès LXI, — Lyon. Ysop. XXIX.
[2] Rich. li biaus IX, Tobler, Aniel XXXI; Knauer, Progr. 38. Jenaer Litt. Ztg. 1875 p. 173. G. Paris, Rom VI, 617. [3] Zu *taule - tavle* vergl. auch 409 *feule - flebilis*.
[4] Tobler, Aniel XXXVIII; Mussafia, zs. f. östr. gym. 1877 p. 202; zs. I, 409. Vollmöller, Brut. XXVI; Schwan, Rom. Stud. IV, 356; Link p. 17. Friedwagner p. 39.
[5] Koschwitz zs. II, 618; Uhlemann, Rom. stud. IV, 572; Vising, Etude p., 72. Suchier, Gram. p. 56.

1. Über *iu* aus *il, iv* vor cons. siehe unter *i*. *ieu* aus *iu* ist nicht belegbar. 2. Über *ieu* in *vieut, vieus* siehe unter *o*.

B. Consonantismus.

Liquide. *l* ist vor consonanten zu *u* vokalisiert und zwar bereits zur zeit des verfassers, cf. die reime *teus: Dieus, pastouriaus: aus, sout: vout;* im versinnern begegnen wir *l* nur in falscher etymologischer schreibung 1805 *roulsimes*, 590, 902, 1480 *sepulchre;* dann in *communalment* 108, *vilment* 1902, *vilté* 2384 augenscheinlich durch die adjectivform veranlasst, daneben aber sogar häufiger die formen mit vokalisiertem *l*, *viuté* 3520, 3821, 3828, 3880 ..., *soutiument* 3600, *loiaument* 2947, 3254, *especiaument* 1215.

Nach *a* und offenem wie geschlossenem frz. *o* ist die vokalisation regelmässig; aus der fülle der vorhandenen belege seien nur wenige angeführt, so für *al: autre* 17; *faute* 2456, *haut* 549, *loiaus* 225, *chevaus* 1893, 3720, 3749, *maus* 404; *sauf* 436, *vaus* 3123, 3212, *corporaus* 902; für *ol: douz* 2991, 2993; *outre* 1608; *coupes* 2422; *douce* 33, 39; für *ọl: fous* 1112, *parout* 2999, *vout* 135, 137 ... Ebenso in vortoniger silbe. Dagegen sehen wir, dass *l* nach *e* (= lat. *a*) neben der vokalisierung wie in 865 *teus*, 2775 *iteus*, 407, 2035 *queus*, 903 *auteus*, 3599 *crueus*, 227 *esperiteument*, ausfall erleidet in *ques* 1419, 1817, 1820, 3467, 3999 und ferner unterdrückt wird nach *u* oder einem *u*-haltigen diphthongen cf. *nus* 345, 452, 839, 996 etc. im reim zu *Petrus* 2580, *Nychodemus* 637, *repus* 861, *plus* 3121; ferner in *sepuchre* 790, 913, *seus* 2803; vortonig *pucele* 67, 2323, 3723, 3949, 3969.

Mouilliertes *l* ist vokalisiert z. b. *travauz* 2204, *consauz* 663, *mieuz* 74, 565 ..., *genouz* 879, *vieuz* 1330.

Ursprüngliche geminata ist ausserordentlich häufig vereinfacht, eine vorzugsweise in pikard. handschriften vertretene erscheinung; z. b. *pucele* 67, 3723, 3949, 3969, *damoisele* 3852, 3970, *fenestrele* 999, *escuele* 1000, *nouvele* 1189, 1253, *ancele* 2324, *coteles* 123, *vile* 1389, *nule* 69, 1479 ..., *bele* 1190, 1276 ..., *cele* 1205, 1563, *ele* 37, 38, 39 ..., und sämmtliche formen von *apeler*, wie *apele* 126, 509 etc.; *alez* 595, 1087, *alerent* 620, *alei* 684, *ala* 52, 153, 193..., *alames* 648, *alanz* 976, *ralerent* 1628 u. s. f.

Geminiertes *ll* entstand durch assimilation eines vorausgehenden *r* in *parler* und seinen ableitungen: *paller* 948, 1072, 1392, 1411, 2146, *palla* 327, *pallé* 582, 802, 1416; *pallerent* 963, 2335, *palleroient* 1399, *palloit* 1471, 1520, *pourpalloient* 808, *pallement* 213, 966; nur einmal finden wir *parlement* 625 neben diesen formen, die uns auf die Normandie hinweisen, wo noch heutzutage *paller* gesprochen wird. (cf. Albert, p. 30; Burgass, p. 64.) Weiterhin entstand *ll* aus *sl* in *malle* 3092, *vallez* 3829, *vallest* 3819.

Übergang von *r* zu *l* fand statt in *auteus* 903, *fleiranz* 37, *flereur* 251, *pelerins* 980, 988...; und umgekehrt trat *r* für *l* ein in *apostres* 609.

l fiel aus infolge von dissimilation in *feule = flebilis* 409.

Mouilliertes *l* ist teils durch einfaches *l*, teils durch *il, ill* wiedergegeben; *duel* 1010, *bouch'uel* 2013, *viel* 2255, *conseil* 661, *orgueil* 2092, *souleil* 3776, *vueil* 416, 1176, *aille* 3446; *bataille* 927, *tenaille* 2507, *merveille* 1658, *vielle* 3973, 3991, *fueilles* 124 u. a. m.

Über die contrahierten formen des artikels mit den praepositionen de, à, en, die contractionen *j'ou, n'ou* siehe oben.

R.

Fanden wir bei *l* die vereinfachung der geminata fast ausnahmelos, so ist sie bei romanischer oder lateinischer geminata des *r* nur vereinzelt anzutreffen. Dem verfasser war sie sicher fremd, denn er bindet nur geminiertes *r* zu geminiertem und nie zu einfachem *r*. Gegenüber sehr zahlreichen belegen mit der ursprünglichen geminata haben wir nur *pouroit* 367, 1161; *erant* 1944, *decouroit* 556, *couruz* 562, *commanderes* 3432, *courouz* 3066, 3755, 3757, 3962, *couroucier* 1316, 3730, *couroucent* 3733, *courouciez* 3745, 3766, 3781, *couroucera* 3733. Zu einer pikard. eigentümlichkeit leiten dann mit einfachem *r* über: *faura* 1530, *touriammes* 1968, *vouroit* 189, 1155, 2479, 2338, *vouront* 363, *vourez* 450, *voura* 644, 2905, 3362, *vouras* 939; sie lassen auf das fehlen des im franz. norm. zwischen *n, l* u. *r* eingeschobenen hülfslautes schliessen, der sich thatsächlich nur in wenig fällen belegen lässt: *avendra* 80, *voudras* 850, *cou-*

vendroit 1536, 1938, 2075, *vendrei* 290, *vintrent* 1851, *plaintrent* 1852, *remeindrei* 3453; [dazu vielleicht die futurformen von *vouloir* mit dem an *r* angeglichenen *d*: *vourra* 2658, 2927, 3115, 3124, 3359, 3362, *vourrei* 2224, 3684, *vourrunt* 1266, 2376, 3038, 3343, 3496]; für den schreiber scheint im ganzen das fehlen des dentals die regel zu bilden: *couvenroit* 183, *couvenra* 656, *tinrent* 213, 625, *tenrunt* 957, *tenrei* 407, *retenra* 3012, *tenra* 2526, *retenrunt* 922, *venra* 843, 2496, *venroie* 2451, *venriez* 2705, *venrunt* 3178, *venroit* 3551, *revenrei* 408, *revenra* 2817, *tenrement* 2729, 2879, *engenrer* 2793, *engenrée* 56, 59, *engenrez* 2187, 3542, *engenra* 45, *engenrerunt* 3691; hierzu die futur-formen der verba *mener* und *emmener*. Dieser pikardismus von seiten des schreibers geht so weit, dass selbst etymologisches *d* ausgelassen ist in *prendre*: so *penre* 305, 468, 470, 1345, 1858, 2120, 3797. *penroit* 1474, *penrei* 342, *penrunt* 650, 874, *penriammes* 1968, *penras* 2469, *repenras* 2509, *penra* 2499, *apenre* 992, 3038, *apenroie* 2088 und in *apenre* 536 (zu *pendere*).

Ganz im gegensatz zu dieser überlieferten sprache war dem verfasser die norm. franz. einschiebung des dentalen hülfslauts eigen, denn er bindet im reim 643 *respondre* mit organischem zu *semundre* mit euphonischem dental.[1]

Zu *penre* = *prendre* ist fernerhin zu bemerken, dass das erste *r* infolge der dissimilation geschwunden ist. Die form *penre* ist weit verbreitet, wir treffen sie sowohl in handschriften des nordöstlichen gebiets wie in den westlichen dialecten.[2] Einen ähnlichen ausfall zeigt noch *propement* 3335. Aus dem gleichen prinzip scheint *s* für *r* eingetreten zu sein in *hesbergages* 2348 *hesberga* 990, 1044.

Geminata an stelle des ursprünglich einfachem *r* steht in *aurra* 67, *Verrine* 1493, 1561, 1709, *girra* 910, *trerra* 3166.

Die metathesis von *re* in *rememberrei* 151, *enconterras* 76 etc. ist beim verbum besprochen. Sonst begegnet die umstellung von *r* nur noch in der vorsilbe *pro* in *parfont* 698, 702, 1810. Schreibfehler ist *seu* für *seur* 2896.

---

[1] Suchier, Auc. p. 60. Willmotte, Rom. XVII, 516.
[2] Meyer Lübke § 585. Görlich, Nordw. dial. 63, Südw. dial. p. 79. Apfelstedt, p. XXXVIII.

Nasale.

m + n assimiliert sich zu *mm* in den bekannten *omme* 172, 180, *homme* 510, *nummer* 1048, *numme* 936, *femme* 172, 1483, *demmoisele* 3970 etc., die so entstandene geminata ist vereinfacht in *feme* 2897, 3680, *fame* 59, 69, 77 . . ., *dame* 60, 943 . . ., *damage* 3651, *damagiez* 3783, *damoisele* 3852, *ame* 2105, 2618, 3606 u. a. Die assimilation von *n* an *m* unterblieb in *damnare*, indem ein labialer hülfslaut zwischen die beiden nasale trat. cf. *dampner* 748, *dampnez* 3082, *dampné* 416, *dampnée* 3902, *dampnation* 426, *dampnasse* 1312, *dampnement* 743; ähnlich wurde die labiale media zwischen *m* u. *l* eingeschoben: *raiembre* 83, *encombrier* 2134, 2764, *ensemble* 124, *membra* 559, *semblant* 203, *assemblerent* 624, *ramembrement* 3041, *rememberrai* 151, die einzige ausnahme ist *humlement* 2574. In gegensatz zu dem bei *r* beobachteten fehlen des dentalen hülfslauts kehrt also der schreiber hierin mehr den norm. franz. standpunkt hervor. Um so auffälliger ist wieder die verdoppelung der nasallaute hinter diphthongen und sogar hinter einfachen vokalen, die den handschriften ein speziell pikard. gepräge zu verleihen pflegt.[1]

a. nach *ai:* *aimme* 3770, *veinne* 838, *humeinne* 30, *greveinne* 145, *fonteinne* 146, *certainne* 608, *certeinnement* 770, 804, *sainne* 1673, *lointeinnes* 2363, *meinnie* 3814, *ainnée* 3917, 3925, *einnée* 3823, 3951, 3971, *soudainnement* 3863, *vileinnement* 712, 1056, *vileinne* 2065, 3756, *demeinne* 760; nach *ei:* *pleinne* 35, 1660, *pleinnement* 2556, *peinne* 130, 214, *Madaleinne* 236, 607, *demeinnent* 1758, 2903, *mesmeinne* 3877, *demeinne* 760, *meinnée* (*minus-nata) 3973; nach *ie:* *tiennent* 2228, 3063; nach *oe:* *aboennir* 2378, *boenne* 79, 1583, *boennes* 25, *boennement* 2930. Ausnahmen nur *sydoine* 576, 1593, 1601 u. *peine* 1286.

b. nach einfachem vokal: 1. *n* nach urspr. *a:* in *mennoir* 136, *remennoir* 2926, *mennieres* 89, 185, *mennant* 1318, 3859, *mennoit* 1495, *remennanz* 3761, *tenner* 2174; nach *e:* *ennuie* 316, *ennuiz* 1925, *prennent* 387, 2174, *Ennemi* 107, 751, *hennouré* 3405, 3878, *hennourer* 3924; nach *o:* *honneur*

---

[1] Knauer, Progr. p. 28.

28 ..., *deshonnenr* 262, *honnir* 2812, *honniz* 3678, *emprisonné* 767, *felonnie* 982, *arreisonna* 1104, 1760, *achoisonnerent* 1310, *parçonniers* 2737, *pautonniers* 784 etc.; ausnahmen sind nur: *menoit* 3904, 3976, *anemi* 162, 261, *finé* 3005, *persone* 96, 873, *redona* 168, *abandonoit* 3847, *anuncier* 5, *anunça* 2888, *-oit* 3267, *-oient* 3650. 2. *m*: *Romme* 195, 989, 1078, *prommis* 447, *prommirent* 1052, *pomme* 87, 112, *summes* 1461, 2628, 4005, *poviammes* 1692, *penriammes* 1968, *essaiemmes* 3607, *touriammes* 1991, *conseillammes* 1967.

M wird zu *n*, sobald es in den auslaut tritt oder vor consonanten zu stehen kommt z. b. *fein* 2397, *hon* 389, *preudon* 1045, *tens* 11, *chans* 3820, *Adans* 111, *Joachins* 45, *andui* 519 u. a.

con zeigt sich für *com*, namentlich vor dentalen consonanten oder vor *m*: z. b. 798 *con serei*, 353 *con d'orde iaue*, 2844 *con durent*, 2300 *con no*, 94 *con moi semble*, auch vor *l*: 273 *con le*, 2862 *con li;* jedoch nicht in consequenter verwendung, ebenso wie *n* nur sporadisch zu *m* übergegangen ist vor folgenden labialen in *emprisonné* 767, *embler* 230, *emmurez* 2005, *emmi* 2505, *emmenerent* 390, 676; einmal auch in *en*: 1582 *il ne s'em peurent;* sonst aber regelmässig *en*.

Im auslaut wird der nasal meistens durch *n* wiedergegeben, verschiedentlich auch durch *ng*, wie *vieng* 1024, *ving* 954, 1607, *enging* 2127, 3075, 3226, *loing* 2975; am bemerkenswertesten sind *soig* 3936, *loig* 3088, 3673, *besoig* 1523, 3935, (cf. Förster, Aiol LV).

Mouilliertes *n* wird grösstenteils durch *ign*, nach *i* durch *gn* ausgedrückt, doch begegnen auch *ingn* und *nn* dafür: z. b. *compaingnie* 3423, *enyingna* 2165, *seinnoient* 557; neben regelmässigem: *compaigne* 1263, *enseigne* 245 ..., *engigne* 3062, *doignent* 3183, *tesmoigne* 1450, *viegne* 1756 u. s. f.

Ausfall von *n* vor cons. im innern des wortes fand früh statt in *meisnie* 133, *coustume* 231, *cousin* 309, *moustrance* 2885, *couvenoit* 183, *repus* 861, *descouvenue* 812 u. a. m.

Gutturale.

Bezüglich dieses consonanten steht unser text durchaus auf centralfranzösischem standpunkte. *c* vor *a* und dem aus *a* in freier silbe entwickelten *ie, e,* ist stets durch *ch* vertreten, wenige beispiele werden genügen: *char* 39, *chartre* 720, *chambre* 1182, *chançon* 3719, *charité* 2297, *chevous* 246, *chies* 397, *chetif* 2640, *chier* 334, *chevaus* 1893, 3720, *couchier* 1366 etc.; ebensowenig weicht unser text von der gemeinfrz. norm ab hinsichtlich *c* vor lat. *e, i,* und der entwicklung der lautgruppe *cons + t + i + voc.,* ein pikard. norm. *ch* begegnet nirgends: *icel* 11, *cele* 527, *cil* 95, *celui* 310, *merci* 2706, *merciz* 465, *cité* 264, *cerchier* 3010, *celier* 3795, *ancele* 2324, *face* 1169 u. m., *puissance* 107, *creance* 194, *senefiance* 813, *couvenance* 1870, *conscience* 2694, *commencent* 539, *essaucier* 3603 u. a. m. Den gleichen standpunkt nahm die ursprüngliche mundart ein, cf. die reime 2423 *face : trace,* 2655 *grace : face.*

Lat. *ti* nach dem ton zwischen vokalen ist in den verschiedenen entwicklungsformen des suffixes *-itia* vertreten (cf. die belege unter *e* u. *i*). Hier dürfte die schreibung *sc* für die stimmlose sibilans zu erwähnen sein in *richesces* 1120, 1318, 1710, 4009, *detresces* 4010.

Velares *k* wird durch *c, k, qu* und auch gelegentlich durch *ch* wiedergegeben; so begegnet der nom. des relativpronomens als *ki* 60, 1077, *qui* 277; der acc. und die conjunction *que* vor vokal elidiert als *qu'-* und *c'-* z. b. *c'on* 370, 432 etc., *quoi (quietus)* 280 neben *coiement* 651, *quar* 2375 neben häufigerem *car* 399, 498, 835, *quidier* stets mit *qu; qu* in *queues* 1894, *queurent* 2251, *aqueillimes* 1862 etc. Für lat. *qu* auch meistens *qu: quantes* 89, *quant* 109, *quis* 110, *querre* 192, *quierent* 262 etc.

ch finden wir in *naschist* 98, 3557, *naschi* 143, *venchu* 927, *veschist* 1063, *achoison* 404, *achoisonner* 1310, *sepulchre* 590, *sepuchre* 790, 913.

c in *irascu* 673, 707, *chascun* 228, *aucun* 1188, *cuer* 201, *cuevre* 2507 etc.

Die gutturale media *g* wird vor *a, o* zum stimmhaften zischlaut, der mit *j* bezeichnet wird: *joie* 498, 886, 920, 1266, 1522, *esjoïrent* 1550, *esjoï* 1664, 2744, *joiant* 3810, *hesberja* 990, 1044; allein nur *hesbergages* 2348, in welchem jedoch *g* ebenso nur die palatalis vertritt wie es gelegentlich für die aus der lat. spirans *j* hervorgegangene palatalis eintritt in *giter* 83, *gitez* 596, 800, *gitera* 3070, *gita* 128, 719, *gité* 162 etc.

Frz. palatalis (quellen bei Schwan², § 325) wird vor *a* u. *o* wiedergegeben durch *j* in *menja* 87, *menjant* 280, *menjei* 894, *menjoient* 897, *menjoit* 2179, *jujoie* 1884, *tarja* 384, *serjant* 2251, *venja* 2357; durch *g: assouaga* 1201; — vor *e, ie* (= lat. *a*) *mengié* 117, 2169, *congié* 337, 2360, *targier* 1722, *engagié* 1865, *legière* 2120, *assuagier* 1616, *jugier* 1315, 1784, *messagier* 1259, *alegié* 1686 u. v. m. Eine ausnahmestellung nimmt *longuement* 965, 2018, 2404, 2364, 2602, 3474 ein, in dem gutturale aussprache durch die schreibung *gu* sicher gestellt wird. *gu* steht nur für germ. *w* und vertritt gutturalis. Es würde der einzige pikardismus für den schreiber hierin vorliegen, würde es nicht durch den einfluss des masc. *lonc* und des späteren analog. *longue* erklärt.

Im auslaut verschärft sich die gutt. media zur tenuis, cf. *lonc* 978, 1036, *sanc* 556, 724; diese fällt vor flexivischem *s: sans* 423, 560, *clers* 934.

Lat. *g* vor *i, e* ergab den weichen zischlaut, der als *g* wiedergegeben ist: *gent* 17, 25..., *engenra* 44, *germein* 309, *progenie* 597, *enging* 3226 etc.

Der aus vglt. dj. hervorgegangene weiche zischlaut wird durch *j* ausgedrückt, z. b. *jour* 235, *jus* 8, 138, 176, 502...; zu erwähnen ist, dass für *jusque* durchgängig die durch kreuzung von *jusque* und *desque* entstandene mischform *dusque* 178, 318, 437, 1029, 2614, 2814, 2874 verwandt ist.[1]

Germanisches *w* wird durch *gu*, vor *a* durch einfaches *g* vertreten; z. b. *guerpir* 189, 3592, *guenchir* 149, *guille* 1390, *guerredonna* 716, *gueites* 478, 589, *gueitier* 2691, *gueitassent* 585, *garda* 398, *gardé* 490 u. s. w.

H.

In wörtern mit germanischem *h* ist dieses letztere auch regelmässig geschrieben z. b. *honnir* 2812, 3668, 3837, *honniz* 3678, *honte* 1933, 2415.

Dagegen verfährt der copist willkürlich mit lat. *h*, indem er es bald schreibt, bald fortlässt. Von den zahlreichen be-

---

[1] cf. Suchier, Gram. p 12.

legen nur: *homme* 500, *omme* 1673, *honneur* 28, *onneur* 3346, *hostes* 1011, *ostes* 1005, *eure* 3326.

ha und *a* wechseln, ersteres meistens, wenn es zum vorausgehenden worte in hiatus tritt, jedoch durchaus nicht regelmässig. *tu as* 829, *si has* 771, *y ha* 1635, *pallé ha* 327, *apelé ha* 1089, *y hei* 1613.

Willkürlich ist auch der wechsel bei *isnelement* 116, 468 und *hisnelement* 520, 550 etc.

Dentale.

S hat vor liquida und muta keine lautliche geltung mehr. Für die überlieferte mundart erhellt das einerseits aus der unterdrückung des ursprünglichen *s* in der schrift *malle* 3092, *douzime* 2972, *saintimes* 853 (neben *seintisme* 2323), *mainnie* (*mansionata) 3814, *ainnée* (**antea + s + nata*) 3917, 3925, 3971, *meinnée* (*minus-nata) 3973, *éutes* 2634, *ietes* 2638, *pleit* 2881, 3449, *remet* (*remansit*) 3439, *voit* (*voist*) 3281, *peit* (*paist*) 2693; andrerseits aus der einfügung eines *s*, wo es keine etymolog. berechtigung hat: *Esprist* 726, 875, *mestre* 411, 567, *promestre* 3593, *mest* (imp.) 62, 2511, 2503, *mest* (*mittit*) 3880, *mestent* 2108, 2115, *lestre* 1242, *lestres* 1249, 1277, *nestes* 1349, *nestement* 454, *delist* 128, 2664, *despist* 634, 1364, *coustel* (*cultellum*) 1178, *vallest* (*vasalittum*) 3819, *puceleste* 3979, *dist* (*dictum*) 480, 487, 1124, *vist* 721, *eslist* 578, *oblist* 2106, *abelist* 2663, *esjoist* 722, *plust* 212, 761, *méismes* 1987, *véismes* 3608, *ajust* 1096, *apparust* 608, 3194, *tust* 2295, *bust* 2019.

Für die sprache des verfassers beweisen die reime, dass *s* verstummt ist; cf. 531 *demandastes : Pilates*; 2831, 2837, *est : Moysest* (*Moyset*), 1589 *distes : préistes*; 2503 *mest : pleist*; 2693 *entreseit : peit*; 3357 *voit : droit*; 1129 *dist : soufrist*; 3751 *ocist : nuit*; 2099 *plut : fust* u. s. f., meistens hat der schreiber durch einfügen oder weglassen des *s* fürs auge reine reime sich herzustellen bemüht.

Verdoppelung des urspr. einfachen *s*-lautes begegnet gelegentlich, z. b. *dessouz* 243, 1571, *mauveissement* 2193, *dessus* 706, *lassus* 2282, 3552, *voussis* 2042, *garessist* 1065, 1671, *voussins* 3578, *voussistes* 2753, 2755, *vaussist* 3548. Der umgekehrte vorgang, die vereinfachung der geminata liegt nur in *rasembler* 3409 vor, andeutungsweise in der unterdrückung des auslautenden *s* vor anlautendem *s* wie 415 *me sires*, 3901 *de vo sereurs*, 3672 *feite serunt*, 410 *mout de seigneur sunt;* doch können die letzteren auch schreibfehler sein.

S zwischen vokalen in perfectformen, das sich im pik. bis ins 13. jh. erhält, ist nur 1772 *mesist* und 2433 *presis* zu belegen; überwiegend ist das isolierte *s* ausgefallen: 2961 *préist*, 2060 *apréist*, 1861 *préimes*, 1955 *méistes* u. s. f. Schreibfehler ist *o le Juis* 816.

T.

Auslautende isolierte dentalis ist abgefallen im perf. der schwachen verba

1. nach *a* 127 *ça : gita;* (ähnlich 979, 1149, 1187, 1497, 2431 ...) in der III. pers. praes. von *avoir* und der III. pers. sing. fut. aller conjugationen, cf. 691 *là : ha*, 1639 *ha : deca*, 2643 *dira : ça* u. s. w.;

2. nach *e*. Die hierher gehörigen part. perf. der I. conj. und die feminina der lat. III. decl. *-atem* endigen in der überlieferung stets auf reines *é;* da jedoch nur reime unter einander vorkommen, bleibt es ungewiss, ob nicht der verfasser formen auf *et* kannte. — In der III. pers. sing. praes. der verba der I. conj. ist *t* vor der mitte des 12. jhs. abgefallen; da unser denkmal offenbar einer späteren zeit angehört, so kann dieser abfall, der durch die nicht geltung des endungs-*e* vor vokalischem anlaut im verse feststeht, für die abfassungszeit unseres denkmals nicht mehr in betracht kommen. cf. übrigens 126 *apele et*, 714 *trueve on*, 2036 *lieve et*, 2031 *esgarde et*, 2455 *demande : viande* etc.

3. nach *i*: der abfall ist fast regelmässig; nur einmal 721 *vist : esjoïst* finden wir ungestützte dentalis im reime zu gedeckter; doch kann der verfasser diesen reim leicht fürs auge hergestellt haben; (cf. Münchener Brut 673 *oït*, 1081 *establit*, Vollmöller XXXIV). Für den abfall im part. perf. z. b. 107 *Ennemi ; trahi*, 407 *deservi,: ainsi*, 829 ; *fui*, 1093 *oï : ausi*, 2209 *gari : ci*, 2283 *esbahi : si*, 2627 *ci : departi* u. s. w.; im perf. 143 *naschi : je di*, 249 *autresi : raempli*, 579 *couvri : ci* 665, 751, 1021, 1027 etc.

4. nach *u* ist ungestützte dentalis abgefallen z. b. 455 *Jhesu : pendu*, 679 *: tenu*, 1973 *: éu*, 1991 *: tolu*, 1101 *res-*

pondu : tu, 2069 *entendu : tu. fu* ist stets ohne *t* z. b. 219 *fu : Jhesu*, 2483 *fu : liu*, 2007 : *batu* u. a. m.

Auffällig ist der abfall in 2773 *s'apparu : respondu*. Freilich legt dieser reim die annahme eines *respondut* näher, und damit, dass der dichter die erhaltung der isolierten dentalis, die ein kennzeichen des pik. wall. lothr. sprachgebiets ist, gekannt hat. Unterstützen dürften dies auch die partizipia der verba der *diu*-classe, welche die silbenzahl der verse dem verfasser sichert, z. b. 131 *conçut*, 1270 *lut*, 1217 *lutes*, 2806 *recut*, 2990 *eslut*.

Gestützte dentalis ist abgefallen in den imperativen *enten* 2083, 3013, 3444; *apren* 3319, 3323, *pren* 2503, 3561; ferner in *commen* 1648, *don* 2615 und in *tou-puissanz* 727.

Regelmässig begegnet auch *o* für *od* (= apud) z. b. *o eus* 3666. Zu erwähnen ist die erhaltung der durch frz. synkope gestützten dentalis in *malade* 1028, 1302; die belege desselben schliessen das östl. *malev* aus, in welchem entgegen der französischen entwicklung der dental unterdrückt wurde und der labial blieb.

Das intervokale *d* ist verstummt zur zeit des verfassers cf. 731 *mie : aïe*; archaische schreibung ist *aïde* 3831.

Über den einschub eines euphonischen *d* siehe unter *r*.

In die gruppe *sr*, die in der III. pers. plur. perf. gewisser verba entstand, ist die dentale tenuis eingeschoben oder *s* gewichen, cf. 1319 *distrent* (1797, 1852, 3567), 1333 *pristrent* (1847, 2951) 2560 *assistrent*; 2564 *sistrent*; 2251 *sentirent : mirent*; 1219 *ocistrent : pendirent*; stets auch *firent* im versinnern wie im reim cf. 123 *firent : acousirent*; 1051 *haïrent : prommirent*; 1055 *prirent : leidirent*, 1307, 3025, 3875. Nur einmal begegnet im versinnern die dem pik. wall. und lothr. eigentümliche form *prisent* 1317.

Bekannt ist die einschiebung von *t* in *croistre* 2216, *istras* 2225, 2795.

Offenbar schreibfehler ist 2039 *Vaspasyent* als nom.

Z

ist in dem von Förster, Cligès LXXIII zusammengestellten fällen, soweit sie in unserem denkmal belegbar sind, fast regelmässig vertreten. Die reime geben jedoch keinen aufschluss, ob für den verfasser dieser zustand vorhanden war. Der reim 1925 *resurrexiz*: *ennuiz*, als dessen zweites reimwort man *ennuis* (in anbetracht des frühzeitigen ausfalls der media) erwarten sollte, um dann auf $t + s > s$ schliessen zu können, giebt keine gewähr, da *ennuiz* neben *ennuis* in denselben dialecten anzutreffen ist. Ähnlich verhält es sich 3489 *retreis*: *peis*; *pais (pacem)* ist allerdings pik. wallonisch gegenüber norm.-französischem *paiz*;' doch schwankt der gebrauch der beiden formen so sehr, dass dichter, deren dialect bestimmt *z* aus -*cem* entwickelt hat, auch *pais* verwenden, dieses mithin nicht allein für pik. herkunft eines textes beweisen kann. (cf. Cliges LXXIII, Iwein 6787 pais : mais.) Im versinnern *pais* 1974.

z aus *s* nach mouilliertem *l* in 2205 *fiz*: *Espriz*, 2845 *finz*: *parcréuz* und im versinnern *consauz* 663, *travauz* 2204, *mieuz* 77, *vieuz* 1330, *genouz* 879 u. m.

Ausnahmsweise ist *s* für *z* zu belegen in *enfans* 757, *vies (vetus)* 1030, *fors* (fortes) 3750, *gens* 3770, *Robers* 3155 (doch *Roberz* 3461) und stets *ces* 877, 921, 1517 etc.

z für ursprüngliches *s* in *diz* 330, vielleicht in anlehnung an *sez* 829, *doiz* 872, 914; ferner *senechauz* 219 neben *corporaus* 906 und durchgängig für adverbiales -*s* in *sanz* 451, 953, 1026, 1063, 1486...

Labiale.

Auslautendes *f* verstummt vor flexivischem *s* z. b. 754 *Paradis*: *chetis*, 797 *mis*: *vis*, *(vivus)* 1987; 3209 *maus*: *saus (salvus)*; *nes* (naves) 1237; *briés* 1201 und vor andern consonanten z. b. *griement* 2111, *briement* 3113, 3579.

Vereinfachung des geminierten *p* findet immer statt in *aporté* 1661, *aporterei* 1564, *aportez* 1655, *aportée* 1618 u. s. w., *apele* 126, 509, *apeloit* 218, 1420, *apelé* 1089, 1288, *fraperent* 1334, 1668, *frapé* 696, *apresté* 1762, *eschaper* 1184, 2274, *eschapera* 1896 u. m. Von geminiertem *f* ist dieselbe seltener, cf. *afeire* 3963, *suefre* 2466, *soufrir* 536, 745, 778.

Der wechsel von *v* und *u* in den handschriften und die darstellung des inlautenden *v* durch *u* sind bekannt Im druck nicht aufgelöste formen sind *poure* 1503 für *povre* und *feule* 409 für *fevle (flebilis)*; *aule* (abula) = *avle* cf. p. 47.

Zweifelhaft ist *v* in *povoir* 152, 162, 177, 403..., *povoit* 1952, *povoient* 519, 1800, 1840, *espoventez* 1793, da es sowohl als bestandteil des diphthongs *ou*, als auch wie hiatus tilgendes, neu eingeschobenes element aufgefasst werden kann.

Das zeichen *w* steht einesteils öfters für *vu*, z. b. *welent* 1449, *wiz* = *vuiz* 2527; anderntteils dient es dazu, den halbconsonantischen vorschlag im anlaut zum ausdruck zu bringen in wörtern wie *wis* (= ostium) 998, 1290.[1]

III. Formenlehre.
1. Declination.
A. Nomen.
a. Masculina.

Zur *I. declination* ist hinsichtlich der flexion wenig zu erwähnen: nom. sing. und acc. plur. — *s;* obl. sing. und nom. plur. — endungslos; wohl aber sind einige verstösse gegen die casusregel zu bemerken, von denen zunächst dem verfasser zur last fallen:

56 *De s'offrande que li avoit:*	1337 *Que cil larrun puant Juis*
L'evesque ou temple refusée,	*Unt si vileinnement ocis,*
787 *Que j'en la sepouture mis:*	2086 *Par lui-méismes enhorté.*
Et de cui dirent li Juis.	

Über 2086 ist bereits unter „Hiatus und Elison" gesprochen worden. Hinzuzufügen wäre, dass in dem *s* nicht das flexivische zeichen des nominativs, sondern dass eine den adverbien auf *s* analog gebildete feste form „*méisme + s*" vorliegen könnte, die den nach person und casus verschiedenen formen des pronomens unverändert angefügt wurde; einen ähnlichen fall für nom. plur. bietet 3583: *il méismes.*

Was die übrigen verstösse betrifft, so können sie von grosser bedeutung nicht sein, da zwei von ihnen eigennamen betreffen, deren formen leicht schwanken, der dritte ein nomen persönlichen begriffs. (cf. Schwan, Gram. § 343.)

Dem copisten fallen zur last: 1896 *Ja un seul n'en eschapera;* 2728 *Un seul en ha demouré ci;* 3092 *Un oir malle* (nom.) *qui toit venir;* 3516 *Quant Enfer fu ainsi brisiez;* 3200 *Jhesu, le roi de Paradis* und 2035 *Quant Joseph Vaspas-*

---
[1] Knauer, p. 26.

yens vist: Contre lui se lieve et si li dist: „Vaspasyen ...;
im letzteren falle ist nur vertauschung nötig; in den übrigen die verbesserung leicht zu bewirken.

Die **Eigennamen** mit festem accent haben meist die flexion der nomina der lat. II. declination, also im nom. sg. *s* angenommen. Bei den biblischen namen steht die ursprüngliche form der flectierten zur seite: cf. *Adan* 13; *Adans* 111, 748 ...; obl. *Adam* 82, 85; *Adan* 126; *Jacob* 15; obl. *Jake* 305; *Hebron* 2509; *Hebrons* 2811, 2793; obl. *Hebron* 2310; *Joachins* 45; obl. *Joachym*; *Saint Pierres* 167; *sainz Pierres* 184; obl. *Pierre* 357; *Perrum* 342; *Jehans* 156; obl. *Jehan* 373 u. a. m. Von *Moyses* ist neben *Moyses* 2795. 2823 die obl. form *Moyset* 2720 und *Moysest* 2877. Neben ziemlich regelmässigem *Juif* im nom. plur. (214, 581, 606, 623, 649, 981, 1066 ...) steht einmalig *Giue* 1407; der obl. plur. ist *Juis* 204, 347 u. s. w.

Die masculina der altfranzösischen **II. declination** haben ursprünglich im nom. sing. kein flexionszeichen, beginnen aber seit der mitte des 12. jhs. nach analogie der wortreicheren I. declination das nominativ *-s* anzunehmen. Da an dieser erscheinung auch die ungleichsilbigen masculina der lat. III. decl., die im afz. *-re* endigen, teil haben, so seien die beiden wortklassen hier zusammen besprochen. Es zeigt sich aus den reimen und dem inneren bau der verse, dass dem verfasser die analogischen formen bereits geläufig waren. Der copist schreibt überwiegend das flexivische *s*, die jedenfalls für ihn archaischen formen ohne s stehen teilweise nur, wo es der vers gebietet und für den vocativ. (siehe unten). Die ursprünglichen formen sind belegt

1721 *Il ha dist après à son pere*
    N'estes pas rois ne emperere,
2979 *Il respondent: Volentiers, sire*
    Vostres soit sanz duel et sanz ire.

1793 *Plus estoit sires que ses peres*
    Ne rois ne dus ne empereres,
3431 *Sesiz fu li riches Peschierres*
    Dou Graal et touz comanderes.

Da in den beiden letzteren reimen die reimwörter der gleichen wortklasse angehören, so darf das flex. *s* schliesslich auf rechnung des schreibers gesetzt und für den verfasser die ältere form reconstruiert werden.

Ferner im versinnern 737 *Je ne vous puis, sire, esgarder* und ähnlich 335, 339, 469, 1250, 1455, 1855, 2935. Diesen stehen an jüngeren formen gegenüber 1. im reime 89 — *en quantes mennieres*: 90 *Nous racheta Diex nostres peres*. 2. aus dem versinnern vor vokalischem anlaut, wo die silbenzahl die geltung des ursprünglichen auslautenden *e* verlangt:

12 *Nostres premiers peres Adam;*	3779 *Quant li peres ha entendu,*
851 *Nostres Sires ha treit avant,*	1431 *Et que Nostres sires estoit,*
2297 *Qui sires est de charité,*	3377 *Qui sires est de ceste chose,*
1100 *L'empereres ha respondu,*	1221 *L'empereres i envoia,*
1641 *L'empereres ha demandé,*	2104 *Leur meistres en est Lucifer,*
1121 *L'empereres ha ce entendu.*	

Die belege für *l'empereres* 1100, 1121, 1221, 1641 sind nicht sehr beweiskräftig; da der artikel beliebig elidiert oder im hiatus stehen kann (cf. p. 20 und *li empereres* 1651, 1657), so würde bei aufhebung der elision und wiedereinführung des vollen artikels den versen in der silbenzahl genügt sein und wir hätten für den verfasser noch die älteren formen vorauszusetzen. In vers 1121 hätte schon die nicht-elision von *ce* vor *entendu* genügt (cf. oben p. 19) um die ältere form „emperere" im vers zu haben. Ferner braucht in 2104 das flexivische *s* nicht ursprünglich zu sein, da nach mehrfacher consonanz, muta + liquida, die nicht-elision des auslautenden *e* statthaft ist.[1] Sehen wir also von diesen fünf beispielen ab, so ist das verhältnis der alten formen zu den jüngeren 20:7. Diese sieben neubildungen werden wir dem copisten kaum zur last legen können. Es findet ja gelegentlich nach einfacher consonanz nicht-elision statt, aber es steht zu wenig fest, unter welchen bedingungen der syntactischen stellung dieselbe erlaubt ist. Zudem würde der reim *mennieres*: *peres* als zeugnis bleiben, dass der verfasser die jüngeren formen schon gekannt hat. Vor consonantischem anlaut stehen diese letzteren *peres* 91, 774, 819, 1732, 2205 ...; *sires* 101, 125, 179, 229, 415, 532, 594, 727 ...; *meistres* 3155; *emperers* 1093, 1105, 1117, 1153, 1211, 1424 ...; *freres* 3199; *Pescherres* 3456, *pechierres* 3898, 3431, *comanderes* 3432; dagegen die älteren formen *sire* 779, 795, 801, 865, 1761, 2267, 2318, 2433, 2441, 2447, 2463, 2741, 2751, 2851, 2865, 3906; *frere* 1143 (ausser 2741 nur vocative).

---

[1] cf. Mall, Comp. p. 31.

Zu den für den verfasser festgestellten verstössen gegen die alten declinationsformen ist 1421 *Qui de la loi se feisoit sires: On leur ha dist qu'il estoit mires* hinzuzufügen; vers 1897 Ainsi fist le *treitre* destruire ist bereits pag. 17 erörtert.

Die **adjectiva** und **pron. poss.** dieser declination seien hier angeschlossen. Das flex. *s* ist auch hier im nom. sing. vom schreiber eingeführt; ob dem verfasser der gleiche standpunkt zukommt, muss aus mangel an beweisen ungewiss bleiben. Es sind nur formen vor cons. anlaut zu belegen: *nostres* 13, 90, 125, 179, 851 ...; *vostres* 2980, *autres* 1438, 1730; ferner der comparativ *pires* 211.

Von den übrigen casus der II. declination sind zu erwähnen: nom. plur. 3588 *si menistre*, 2400 *nostre enfant*, 3645 *li autre ennemi*; ferner *li autre* 1898, 2131, 2175, 2603, 3685, *povre* 422; der obl. plur. endet regelmässig auf *-es*; der obl. sing. *-e*.

2117 ist nom. plur. *les autres trois* in *li autre* zu bessern.

Substantiva der lat. **III. declination**, sind ausser den im nom. sing. besprochenen: 1. mit beweglichem accent: nom. sing. *li enfes* 2535, 3777, *l'enfes* 1711, 2986; obl, sing, *enfant* 48, 2533, 2984; nom. plur. *enfant* 1866, 1943 (: *errant*) 2255, 2400 (: *grant*) 2971, 3259; obl. plur. *enfanz* 424, 1329, 2853, 3185 (: *granz*) 1862, 2916 etc.; nom. sing. (resp. voc.) *nies* 2987, 2993, 3008, 3167; obl. sing. *neveu* 3003 (: *preu*) 3046, 3151, 3164, 3167; obl. plur. *neveus* 3142, 2891 (: *vieus*) *nevez* 2883; ferner die übrigen casus zu *sire*: obl. sing. *seigneur* 27, 261, 381, 451, 1185, 1417, 2533; nom. plur. (resp. voc.) *seigneur* 1185, 1417, 2950; zu *emperere*: obl. sing. *empereeur* 991, 1007, 1015, 1078, 1186, 1257, 1418, 1527, 1617, 1717; zu *peschierre* obl. sing. *pechéeur* 3345, 3387, 3416, 3439; nom. plur. *pechéeur* 1, 3554; obl. plur. *pechéeurs* 881; ausserdem *larrun* (nom. plur.) 1737; *traiteur* 1795, *compeignon* (nom. plur.) 376, 894, 1543, 2778, 2801; 2. mit festem accent: *homo*, nom. sing. *hon*, 2668: *poisson*, 2003: *non*, 3527: *non*, 1199 *prison*, 1045 *preudon*: *non* und mit analogischem nominativ *-s* 1137 *hons*: *pourrions*, 3535: *cuidions*. Der copist gebraucht diese form fast ausschliesslich. (cf. unter *o*.) Die älteste form sehen wir in 389 *hom*: *Jhesum*.

Obl. sing. ist *homme* 500, 510...; *omme* 1673, 2887...; nom. plur. *homme* 1039; acc. plur. *hommes* 1222, 1033, 2107, 3266; hierzu auch *preudommes* 3406.

Zu *quens* ist der voc. plur. belegbar vers 12 *conte*.

An declinationsverstössen sind 1185 *Ecoutez-moi tout, biau seigneur: Ce leur ha dist l'emperéeur* und 1163 *Quant ele l'emperere oï* zu erwähnen. Über die frühzeitige vertauschung der formen dieses wortes cf. Schwan, Gram. § 343.

Von den im afz. erhaltenen organischen comparativen gewisser adjectiva sind zu belegen: *meneur* 2 und *greigneur* 461, 1016.

b. Feminina.

1. die feminina der **I. declination** zeigen nur regelmässige flexion: nom. obl. sing. -*e*; nom. obl. plur. -*es*. Das im frühen afz. als femininum behandelte *prophete* ist seinem natürlichen geschlecht gemäss als masc. decliniert und hat im nom. sing. *s* angenommen: 594 *comme sires, comme prophetes* (: *sur ces entrefeites*) im versinnern: nom. sing. 16 *Et li prophetes Ysaias*; 1471 *Cil prophetes* obl. sing. *prophete* 414, 1028...; nom. plur. 17, 3550 *(prophete et)* 3670; obl. plur. 5 *(prophetes)*. -*gueite (wahta)* ist als fem. behandelt 589 *Cil ont leur gueites assemblées* (: *armées*); *garde* dagegen als masc. 621 *Les gardes en sunt decéu* (: *apercéu*).

2. die feminina der **II. declination** schwanken im nom. sing.; für den verfasser kommen sie meist ohne das spätere analog. *s* in betracht.[1] So sind zu belegen:

17 *Tout prophete, toute autre gent: Boen et mauveis communement;*
951 *Car ce ne seroit pas reison: Ainz demourras en la prison;*
1131 *Car ce ne fust trop grant desreison: Se il soufrist teu mesprison:*
1247 *Certes ce fu grant mesprison: Grant desavenant li fist-on;*
2543 *C'est la benoite Trinité: Ki est en la sainte unité;*
1167 *Fors tant qu'il li unt demandé: Que se ce n'estoit verité;*
2783 *Devant le jour dou Jugement: Qu'encore attendent toute gent;*
3353 *Couvient que toute ceste gent: Se treie devers Occident;*
2839 *Il dient tout par verité: Granz est de Dieu la poesté*
3193 *Et avint c'une grant clarté: Leur apparust, s'a aporté;*
3311 *Que Brons mont prendons ha esté: Et pour ce fu sa volenté;*
3345 *Adés le riche Pechéeur: A tous jours croistera s'onneur;*

zweifelhaft bleibt 79 *ensemble comme boenne gent* (: *vraiement*), da nach *comme* sowohl der acc. als der nom. stehen kann.

---

[1] Schwan, zs. XI, 552; Gram. § 340,2; *Suchier*, Reimpredigt XXIV; *Paris*, Alex. 113.

Mit flexivischem *s* ist nur 2007 *Et bien voit que c'est veritez : emmurez* vorhanden, so dass das verhältnis der unflectierten formen zu den flectierten sich wie 12 : 1 darstellt und wir, in hinsicht auf denkmäler des 12. jhs. wie beispielsweise auf die diesbezüglichen verhältnisse bei Benoit (cf. Settegast p. 41) und in dem Tristanfragment des Berol[1] in diesem punkte für die abfassungszeit unseres textes wohl ungefähr die letzten drei jahrzehnte des 12. jhs. heranziehen könnten.

Für den copisten sind aus dem versinnern mit flexivischem *s volentez* 66, *fragilitez* 180, *clartez* 728 und ohne dasselbe *amour* 842, *douleur* 1201, *biauté* 3993 anzumerken; ausserdem regelmässig *gent* 206, 1051, 2454.

Bei dem acc. sing., sowie' den formen des plurals ist keine erörterung nötig. Belege sind z. b. für obl. sing. *gent* 359, 599, 609 . . ., *humilité* 102, *humanité* 101, *unité* 2543, *santé* 152, *poesté* 1720 u. a. m.; für nom. plur. *biautez* 36, *genz* 25, 469, 1163 . . .; für obl. plur. *vertuz* 1146, *meins* 1597, *bontez* 36, *amours* 2575 u. m.

gent ist im plur. als masc. gebraucht 1163 *Quant les genz ont ce dire oï : Si en furent mout esbahi*, wie es z. b. bei Fantosme 148, 641 (Vising, Etude p. 103) geschieht. Aus reim und silbenzahl ergiebt sich das gleiche 1317 *Qu'il estoient genz mout puissant : De richesces comble et mennant*.

3. Das einzige nomen einer **III. declination** ist *suer* (cf. nom. sing. *suer* 2534, 2794, 2863, 3925, 3991, 3976, 4016; obl. sing. *sereur* 2307, 3402, 3890, 3901; obl. plur. *sereurs* 3099, 3175, 3884. Besonders ist die zweimalige verwendung des nom. als obliquus zu verzeichnen 2983 *Et à sa suer qu'il s'en alassent* und 3823 *A l'einnée suer l'a mené*. Die sporadische vertretung des obl. durch den nom. begegnet bei *soror* sehr frühzeitig, cf. im Rol. 294, wie sie überhaupt bei nominibus, die einen persönlichen begriff darstellen, schon früh nicht selten ist und auch verschiedentlich in unserem denkmal bereits zu betonen war. Im vocativ steht *suer*: 3991 *Ma douce suer* (: *puer*).

---

[1] *Wernicke*, Metrische u. sprachl. Abhandlung über das dem Berol zugeschriebene Tristanfragment, p. 39.

Von den zu dieser classe gehörenden *eigennamen* weiblichen geschlechts, die entsprechend den männlichen eigennamen auf *-o, -onem*, eine besondere obliquus-form auf *-ain* haben, ist nur *Eve, Evain* zu notieren: *Eve* nom. sing. 14, 86, 754, 757, 2197, 3553; *Evein* 82, 597, 2158 *(Adans l'a Evein apelée).* Daneben steht der nach der I. decl. endungslose obliquus *Eve* 108, 597, 2165 und 3519 *Adam et Eve en ha gité.*

Von **rem** ist sowohl *riens* mit dem adverbialen *s*, wie die endungslose form *rien* zu belegen. Der verfasser verwendet nur die letztere im reime: *bien : rien* 229, 365, 1457, 1515, 2371, 2551, 2671, 3215; *sien : rien* 1479; der copist scheint mit einiger consequenz die beiden formen zu scheiden, und zwar indem er für das substantivum *-rien*, cf. 1018, 1230, 1625, 3177, für das pronominale *-riens* verwendet. cf. 517, 985, 1403, 1512 u. s. w.

Adjectiva.

Bei den adjectiven der *1. classe* bietet sich ausser den beim substantivum erwähnten verstössen gegen die declinationsregel (das adjectivum ist dort substantivisch gebraucht) kein anlass zu bemerkungen. Von den frühzeitig zu dieser classe übergetretenen adjectiven zweier endungen im lat. sind: *dulcis, follis* und *communis* zu belegen; letzteres meist im adverb. *communement* 18, 1322 . . .; *douz* 2991, 2993, *douce* 33, 39, 3333, 3991, *fous* 1112, *fole* 1494, 3756, *foles* 3458.

Das *neutrum des adjectivums*, das meist als prädicat zu einem neutralen pronomen zu belegen ist, erscheint in dem nach Mall, Comp. p. 104 als formelhaft feststehenden *voirs* auch mit flexivischem *s*, so *c'est voirs* 153, 628, 1118, 1253, 1382, 2008; *ce fu voirs* 1429, 1430; *c'estoit voirs* 1703; daneben die unflectierte form 1095 *Estre ce voir pourroit* und ferner 1187 *Boen est*. Ohne flexivisches zeichen steht das part. passé: *ce fu feit* 1074, 1075; 3401 *Tout ce qu'est né* und in vers 437, wo das subject durch einen ganzen satz mit *que* repräsentiert wird: *conté li fu Qu'il avoient* . . .; auch das absolute poss. pron. ist in neutraler function ohne flexionszeichen 3762 *Trestout soit tien.*

Die afz. adjection der *II. classe* auf -*re* siehe oben pag. 62.
Die adjectiva der *III. classe* und die *part. praes.* zeigen die gleiche flexion: für das *masculinum:* nom. sing. -*s* und obl. plur. -*s;* obl. sing. und nom. plur. endungslos; belege sind z. b. nom. sing.: 1444 *puissanz,* 2320 *joianz,* 1137 *vaillanz,* 1440 *pouissanz,* 295 *puanz : habitanz,* 1234 *granz,* 275 *loiaus (: faus), qués* 1419 .., *queus* 2637; obl. sing.: 839 *loial: esperital,* 2422 *loial,* 1300 *souduiant,* 2582 *vil,* 239 *seant: menjant, grant* 852 . . ., *omnipotent* 3238, 2598; nom. plur. 526 *puant (: enfant),* 1825 *quel;* obl. plur. 975 *veanz: alanz,* 1330 *granz (: enfanz),* 3999 *ques,* 1214 *pouissanz,* 2846 *genz,* 3590 *viez*; fehler, die sich der copist zu schulden kommen liess, sind 995 *Si vil estoit et si puanz* und 2726 *Li plus granz feis.* Dem verfasser fällt zur last die vertretung des nominativs durch die flexionslose form in prädicativer stellung, 3493 *La grant estoire dou Graal : Par nul homme qui fust mortal,* ein verstoss, den Andresen wohl mit recht durch die notwendigkeit des reimes entschuldigt. Nicht als verstoss ist *omnipotent* im vocativ anzusehen, 2879 *Et prie Dieu mout tenrement : Peres Diex, rois omnipotent,* da dasselbe häufig dem reim zu liebe in der accusativform verwandt wird.[1]

Von den *femininen* dieser adjectiva begegnen keine der I. classe analog gebildeten formen ausser wenigen belegen für *tele, quele,* wie sie sich häufig schon im 12. jh. finden, cf. *tele* 32, 1696, *quele* 1074, 3513, 3976 und vor vokalischem anlaut 2384 *tele ordure,* 4003 *quele eise.* Die vor femininen häufigen formen *teu* und *queu* siehe oben pag. 25. Belege für die femininen adjectiva sind nom. sing. *fleiranz* 37, *grevanz* 2100, *nuisanz* 845 (: *mescreanz*), *granz* 727, 1066; obl. sing. *tel* 130, 166, 1796, 2742 3902,; *quel* 1370, 2884, 3115, 3214; *vil* 1208, *soufisant* 1172, *grant* 103, 120, 132, 475, 719 u. s. w.; nom. obl. plur. *granz* 469, 2391, 2446, *gentius* 3724, *avenanz* 3724.

Verstösse gegen die declinationsregel begegnen in prädicativer stellung 2065 *Si vileinne iert et si puant (: autretant),* 2256 *Que la vertu de Dieu est grant (: li enfant).*

---
[1] cf. Beyer, Flexion des Vokativs, s. VII, 28.

Einen weiteren beleg für das fehlen der analogischen femininform bei adjectiven dieser classe liefern auch die *adverbia* auf *-ment*, z. b. *griément* 2111, *briément* 3579, *loiaument* 3254, *grammment* 1406, *vilment* 476, 1902, *errammment* 1251, 1346..., *esperiteument* 3599, *soutiument* 3600, *forment* 696, 705, 1058 u. s. w.

Adverbia von adjectiven der I. classe bieten nichts besonderes, cf. *vistement* 471, *hardiement* 472, *durement* 429, *privéement* 335, 3420 u. a. m.; *delivrement* 467 ist von dem suffixlos gebildeten *delivres* abgeleitet.[1]

Von dem unveränderlichen *viez* = *vetus* (cf. 3590 *viez* acc. plur. masc.) ist keine analog. femininform zu belegen. cf. 1030 *Qu'il avoient, viés et anties* (sc. *maladies*); 2951 *la viez loi*.

Zu den bereits genannten organischen comparativen sind nur die neutralen formen *mieuz* 74, 565, 1826, 2504, 3070, 3209, 3218, 4001 und *pis* 1059, 3832 hinzuzufügen.

B. Pronomen.
a. Personalpronomina.

Die *I. person* lautet in satzbetonter wie unbetonter stellung mit zwei ausnahmen nur *je*, das gelegentlich auch *ge* geschrieben wird. *je et mi V chevalier* 443, *je* 842, *ge* 925, 3375. Von den beiden ausnahmen ist 1347 *fussé-ju: Jhesu*, bereits unter dem vokal *u* erörtert, die andere 418 *ju en revenrei* mag durch den schreiber in annäherung an das pikard. *jou* hierher geraten sein. Denn bei dem mangel der hauptmerkmale sind diese beiden formen nicht für lothr. burg. geltend zu machen.

Das im text gedruckte *jou* 2081, 2799 aus *je le* siehe pag. 20.

Die oblique form des satzunbetonten pronomen ist *me;* von der 2. pers. *te*. Die obl. formen des satzbetonten pron. der 1. und 2. pers. sowie die absolute form des flexiven *se: moi, toi, soi* sind bereits unter *oi*, pag. 43, besprochen. Im plural lauten betonte und unbetonte formen der pronomina der beiden ersten personen in allen casus: *nous* und *vous* ohne ausnahme.

[1] cf. Förster, Aiol 3493.

Das pron. der ***III. person*** hat für das masculinum im nom. sing. *il* z. b. 376 *il et tuit si compeignun*, 3299 *il*; im unbetonten dat. *li* (für masc. und fem.) z. b. 112, 126 . . .; acc. *le*.
Die betonte form des obl. ist *lui* z. b. 199 *à lui*, 200 *souz lui*, 719 *seur lui*; über die gelegentliche vertretung desselben durch die satzunbetonte form *li* und die betr. reime siehe unter *i* pag. 45.
Der sing. des femininums ist im nom. *ele* 37, 38 . . ., im acc. *la*, das vor vokal. apostrophiert wird; die absolute form lautet *li* z. b. 36 *en li;* 133 *et li et toute sa meisnie;* ferner 196, 758, 1502 . . .; der plural ist *eles*, satzunbetont. acc. *les;* dat. plur. ist für masc. und fem. *leur*, neben dessen zahlreichen belegen sich nur einmal *lor* 1383 vorfindet. Als pluralform des absoluten masc. pronomens sehen wir im versinnern nur einmal *aus* 1329 neben dem sonst ausschliesslichen gebrauch von *eus* 170, 253, 428, 544, 587, 1216, 1251, 1280, 1345, 1374, 1399, 1445, 1483 . . .; im reime begegnet *eus* nicht. (cf. *aus* unter *au*.)

b. Possessivpronomina.

1. auf ***eine*** person bezüglich: für die erste person ist die satzunbetonte form *mes* z. b. *mes boens amis* 815, *Messires* 3461, *mes sires* 1323, *mes peres* 819; obl. sing. *mon*, überwiegend jedoch in der geschwächten pikard. form *men* vertreten. cf. 747, 824, 907, 908, 1193, 1601, 1612, 1644, 1884, 2056, 2490, 2852, 3055, 3103, 3245, 3683; nom. plur. *mi* z. b. 443 *mi chevalier*, 2478 *mi compeignon*, 3248 *mi enfant* u. a.; obl. plur. *mes* z. b. 1170 *mes despens*.

Im ***fem.*** sing. steht *ma*, dessen vokal vor vokalischem anlaut elidiert wird: z. b. 3933 *m'amie*; der eintritt der masculinen form wäre zu belegen in 452 *Nus ne l'aroit, à mon honneur*, da *honneur* meist als fem. gebraucht wird. Die vertretung des *ma* durch *mon* ist jedoch ausser in lothr. denkmälern erst spät häufiger zu finden; es liegt daher näher, *honneur* als masc. zu fassen, zumal die wörter auf *-or* leicht im geschlecht schwanken, cf. Vising, der *honneur* als masc. belegt, und weitere beispiele des geschlechtswechsels bei Dittmer, p. 50. Die pluralform ist *mes* z. b. 1086 *mes filles*, 2383 *mes douleurs*.

Für die II. person steht im *masc.* nom. sing. *tes.* cf. 2495 *tes serourges*, 3008 *tes niés;* der obl. sing. *ten* neben dem gemeinfrz. *ton*; so 823 *ten service*, 839 *ten cuer;* ferner 847, 917, 1802, 2469, 2503, 2512, 2514, 2538, 2791, 2792 ...; schreibfehler ist 2494 *te* für *ten.*
nom. plur. *ti* z. b. 3400 *ti oir;* obl. plur. *tes* (für masc. u. fem.) 885, 2826 ...; nom. acc. sing. und nom. plur. *fem.* sind regelmässig *ta* und *tes.*

Entsprechend gestalten sich die formen der III. person: nom. sing. *ses* z. b. 258 *ses louiers*; 423, 1241, 1306; obl. sing. *sen*; 40, 138, 201, 560, 709, 972, 1115, 1203, 1231, 1242, 1571, 1577, 1604 u. s. f.; das gemeinfrz. *son* ist daneben fast ebenso häufig: 7, 106, 167, 171, 189, 276 ...; nom. plur. *si*: 376 *si compeignon*; ähnlich 586, 615, 894 ...; obl. plur. *ses*; 246, 321, 596 ...; *fem.* sing. nom. u. obl. *sa* u. mit elision z. b. 56 *s'offrande*, 774 *s'uevre*, 3005 *s'oroison*, 3346 *s'onneur*, 3926 *s'autre suer;* — nom. acc. plur. *ses* 1256, 3175.

2. auf **mehrere** personen bezüglich treten uns *nostre* und *vostre* in den gekürzten pikard. formen *no* und *vo* entgegen. Dass sie dem verfasser eigentümlich sind, ist bereits oben dargelegt; pag. 22. Auch beim absoluten pronomen ist die gekürzte form zu finden, z. b. 1439 *seur les noz* ..., doch gehört diese ebenso der Normandie wie den centralen mundarten[1] an.

Die gemeinfranz. *nostre, vostre* sind in der minderzahl vor consonant. anlaut, wo allein sich entscheiden lässt, ob die gekürzten oder volleren formen die ursprünglichen sind. An belegen z. b. *nostres* 13, 90, 125 ..., *nostre* 1544, 1665 ...; *vostres* 2452, 2980, *vostre* 808, 868 ...

Das pron. poss. der III. person *leur* ist weder für das fem. noch im plur. verändert.

Die *absoluten pronomina possessiva*, bezüglich auf *eine* person sind für das masc. belegt in den reimen *bien : mien* 827, 1359; *sien : rien* 1479; *siens : biens* 2411; im versinnern 2976 *si sera miens*; 3030 *le mien sanc*; 3762 *Trestout soit tien;* neben ihnen, aber nicht im reim, die altertümliche form *suen* 2554 *as suens;* 3257 *deseur le suen commandement;* 3838 *Et pour les*

---
[1] Dittmer pag. 57.

suens; eine form [1], die Metzke noch für das 13. jh. in französischen urkunden nachweist. Auch die Champagne und der westen haben an dieser erscheinung teil (cf. Chev. au lion 1209 *tuens: buens*), während das nordostfranz. sprachgebiet schon am ende des 12. jhs. sich die analogischen neubildungen geschaffen hat; und zwar ist das östliche wallonische dem westlicheren und dem pikardischen vorausgeeilt, in denen im 12. und 13. jh. *tuen, suen* noch regelmässig begegnen. Jedoch haben sie die neuerungen am ersten aufgenommen. Wir würden hierin also für den verfasser einen wallonischen, allenfalls pikardischen zug gefunden haben und ausser dem franz., champ. und den westlichen mundarten noch das anglonorm. ausschliessen können, in welchem monophthongisches *son*, resp. *sun* zu hause ist. Für den copisten kommt, da er *tuen, suen* neben *tien, sien* hat, das französische mit hinzu, weil in ihm im 13. jh. beide nebeneinander üblich sind.

Die *femininen* formen sind belegt 688 *en moie verité*, 2740 *Ele n'est pas moie*, 2822 *la teue*, 1204, *la seue amistié*, 2958 *la seue espousée*. Ein pikard. *miue*, das auf früheres *mieue* zurückgehen würde, ist nicht vorhanden und für den verfasser auch ausgeschlossen durch den reim: 3397 *joie: moie*, der zugleich von norm. und anglonorm. *meie* absehen lässt. *teue* und *seue* sind vornehmlich eigentum des französischen dialects und werden von benachbarten dialecten wie z. b. dem champ. adoptiert. Ein in letzterem seit mitte des 13. jhs. neben *toe, soe* [2] tretendes, von der masculinen form abgeleitetes *tienne* oder *sienne* treffen wir in unserem texte ebensowenig an, wie die im pik. lothr. seit dem 13. jh. analogisch gebildeten *toie* und *soie*.[3] Desgl. sind norm. anglonorm. und wall. champ. *toe, soe,* resp. *tue, sue* ausgeschlossen.

c. Demonstrativ-pronomina.

1. *Ecce-ille* - der nom. sing. der satzbetonten form *icil* ist nur vereinzelt zu belegen; 791 *je sui icil*; 2928 *icil demoura*: vorwiegend ist die satzunbetonte form absolut gebraucht: 784 *cil vendi*; 1489 *cil ha;* 1723 *cil doit*; 1082 *cil dist*; 2064 *cil respont*; 2817 *cil revenra*; *cil qui* 2058, 2061, 2196...

---

[1] Dittmer pag. 6.   [2] cf. Iwein 3910 *la sue: desnos.*   [3] Dittmer p. 41.

Die mit dem analog. nominativ -s gebildete, dem pikardischen eigene form *cius* ist zu verzeichnen: vers 325, 870, 1420.

Im obl. sing. ist nur das von dem satzunbetonten pronomen entnommene *celui* vorhanden: *celui qui* 1845, 2325, 2326, der nom. plur. lautet mit einziger ausnahme *icil* 3555 nur *cil:* 589, 697, 849; *cil dient* 291, 549; *cil qui* 631, 1128, 1476 ...; im obl. plur. ist wie bei dem persönlichen pronomen der III. person die franzischnormannische form *ceus* allein vertreten: 601, 1053, 1213, 1262, 1392, 1847...: Ein reim ist nicht vorhanden. Die betonte form des femininums ist *celes* 571, 1476. Die unbetonte form lautet im nom. sing. masc. *cil*, cf. 1013 *cil Vaspasiens*; 1471 *cil prophetes* etc.; nebenform *icil* in 2527 *icil lius wiz*; obl. sing. *cel* z. b. 2520 *cel endroit*, 3580 *cel avenement*, 3903 *cel afeire* und *icel:* 11 *à icel tens*; im nom. plur.: *cil* cf. 1191 *cil miracles*, 1737 *cil puant larron;* vom femininum ist nur der sing. belegbar: *cele part* 527, *cele taule* 900 etc.

2. *Ecce-iste* ist in absoluter stellung nur im nom. sing. 1731 *cist ha* und 3539 *cist ha destruit*, im obl. sing. *cestui-ci avoir doi* 2975 und das femininum in 1628 *comme ceste* belegt; die unbetonten formen des masc. sind nom. sing. *cist* z. b. 2789 *cist lius*, 663 *cist consauz* 907, 3134, 3527; pikard. wallonisches *cis* treffen wir nicht. Im obl. sing. steht einerseits *cest* z. b. 19 *cest siecle* (ähnlich 342, 357, 414, 481 etc.); andrerseits die seit anfang des 12. jhs. schon nachweisbare gekürzte form *ce* für *cet*, resp. *cest* in 231, 3489 *à ce tens*, 661, 666 *ce conseil*, 3727 *ce riche homme*, 2386 *ce mal*, 2451 2762 *ce veissel*; daneben *ice* für *icest* in 836 *ice jour* und 3843 *ice tens*.

nom. plur. masc. ist nicht belegbar; obl. plur. *ces* 3382, 3557; nom. obl. sing. fem. *ceste*: 146, 728, 1189 ...; nom. obl. plur. *ces* 877, 921, 941, 1517 ...; schreibfehler sind 533 *ceste homme* und 3073 *cest choses*.

3. *Ecce-hoc* ist nur als *ice* zu belegen 623 *ice;* 161 *par ice*; 358 *pour ice*; meist tritt *ce* dafür ein: *ce* 1121; *en ce* 24, *pour ce* 105; eine form mit vollerem vokalischen element findet sich nicht.

d. Relativ-pronomina.

Masc. und fem. im nom. sing. und plur. *qui;* cf. 47 *qui andui ancien estoient,* 60 *ki estoit,* 101 *cil sires qui*; im dat. acc. wechseln *cui* und *que*. Ersteres steht meist nach dem demonstrativ-pronomen: *cil cui* 2743, 2795, 2899 oder *celui qui* 1420, 1445, 3303, oder nach praepositionen 418 *à cui*; 3303 *pour qui*; 3877 *de cui*. Häufiger ist *que*, auf personen und sachen bezüglich. Über die elision des relativums vor vokal siehe oben; ebenso den ersatz des nominativs *qui* durch *que*. Auch die wechselnde schreibung *ki, qui* und elidiert *c', qu'* ist bemerkt. Das neutrum lautet satzbetont *quoi* z. b. 834 *(: moi)*; 1981 *pour quoi*; 3546 *par quoi*; satzunbetont *que*.

Wie das relativum, so lautet auch das interrogativ-pronomen.

Die adjectivische form beider pronomina, *quel,* s. u. adjectivum.

e. der Artikel

für das masc. nom. sing. *li* z. b. 573, 593, 980; gen. sing. *dou* z. b. 159 *dou Pere*; 160 *dou saint esprist*; 162 *dou povoir* u. s. f.; ausnahmsweise *do* 2654 *do veissel* und 432 *del juste;* dat. sing. *au* z. b. 62 *au chemin,* 364 *au fil,* 115 *au dent* etc.; acc. sing. *le,* das mit *en* die verbindung *ou* eingeht: cf. 55 *ou temple,* 52 *ou desert,* 26 *ou fil* etc.; *ou* sowohl wie *dou* sind ursprünglich und vorwiegend dem pikardischen eigen, sie dringen aber so frühzeitig ins franzische ein, dass sie nicht als speziell pikardisch gelten können.

nom. plur. *li* cf. 2 *li petit et li meneur*; 232 *li chambrelain*; 355 *li darrien*; 356 *li premier.*

Eine angleichung des weiblichen artikels an den männlichen, wie sie im pikardischen auftritt, kommt nicht vor. nom. sing. *la,* gen. sing. *de la,* dat. *à la.*

Die gemeinsamen pluralformen sind: nom. acc. *les;* gen. *des* und dat. *as;* diese regelmässig mit ausfall des *l,* beweist für einen dialect nichts.

Über die contraction *en + les > ès* siehe oben.

Was das pronomen indefinitum betrifft, so sind *chascun,* resp. *chaucun, aucun,* sowie *tuit* und *tout* besprochen. Die übrigen: *unus, nullus,* das frz. *mainz* erfordern keine bemerkung.

2. Conjugation.
I. Personen.

Die I. pers. sing. ind. praes. und die I. pers. sing. conj. praes. der I. sw. conjugation sind im afz. endungslos, doch treten bereits in denkmälern des 12. jhs. formen mit paragogischem -e auf, von denen auch unser denkmal belege bietet:

9 *A icel tens que je vous conte:*
Et roi et prince et duc et conte;
336 *Demanderoie, meis je n'ose (:chose)*
929 *Ge n'ose conter ne retreire;*
3235 *Une chose dire vous ose (:chose)*
405 *Et mes sires riens m'en demande;*
„*Je vueil savoir et se'l commande:*
3501 *Ausi, comme d'une partie*
Leisse, que je ne retrei mie;
479 *Que je l'oste de cest despit.*

Unentschieden bleibt 3509 *Meis se je or les leisse à tant.*
An älteren formen sind dagegen zu verzeichnen:

a. im versinnern:

93 *Bien os dire, si con moi semble*
455 *Je demant le cors de Jhesu*
1510 *Je vous pri que la nous moustrez*
2454 *Ainsi vous pri-je et requier*
2009 *Je ne quit mie ne ne sent*
3247 *Je li commant et vueil prier.*

b. im reime:

795 *je vous proi : de moi,*
2919 *que te proi : à la loi,*
1733 *vous pri : mon ami,*
1339 *L'empereres li respondi :*
Biaus fiuz, jou vueil, si vous en pri.
2467 *Meis une chose te commant : grant,*
3761 *le remennant : j'ou te commant,*
3277 *ha dit : Il m'en couvient aler, ce quit,*
3945 *loig de ci : ce vous afi,*
3241 *Pour ce vueil et si le desir : obéir.*

Andresen führt das vorhandensein der jüngeren formen in unserm denkmal einerseits auf den einfluss des reimes zurück, andrerseits auf die notwendigkeit, der silbenzahl der verse gerecht zu werden. Diese beiden factoren müssen allerdings unsern verfasser stark beeinflusst haben, denn, wenn auch der prozentsatz der älteren und jüngeren formen, wie Friedwagner p. 110, des weiteren ausführt, nur relativ die abfassungszeit eines denkmals bestimmen kann, das verhältnis 16 : 7 würde uns auf eine zu späte zeit des 13. jhs. weisen. Allein wie schon Benoit formen mit paragogischem *e* hat und die in den denkmälern aus dem anfang des 13. jhs. nachgewiesenen jüngeren formen vermuten lassen, kann das auftreten der letzteren im 12. jh. nicht zu spät begonnen haben, wenn sie auch vornehmlich unter der einwirkung der von Andresen geltend gemachten factoren in den denkmälern erschienen sein werden.

Die I. pers. sing. praes. ind. der übrigen conjugationen zeigt kein analogisches -s, cf. die reime *croi* : *loi* 267, : *moi* 2321, 2765, 2999; : *soi* 3483; *sai* : *sarai* 891, : *ai* 1047, 1097, 1373, : *direi* 2071; *di* : *il naschi* 143, : *ainsi* 3843, : *respondi* 3007; *sent* : *vileinnement* 2009. Ebenso die sprache der überlieferung nur *sai* 1934, 2003; *di* 3375; *sui* 127, 741, 775 . . .; *doi* 323, 2976; *voi* 419, 2005; *croi* 729; mit guttural im auslaut nur *je vieng* 1024. Zu *doner* ist *doins* 3245, zu *espérer* das adverbial gebrauchte *espoir* 1371, 2745 zu bemerken.

Die I. pers. perf. zeigt analogisches *s* nur in *je vins* 745, 3017, guttural in *je ving* 1607, alle übrigen perfectformen der I. person sind regelmässig, cf. *seu* 1368, *peu* 1369, *vi* : *oï* 685, : *issi* 1949, : *aussi* 2443, *beneï* : *juesdi* 895.

Zur II. pers. sing. ist nur *z* für ursprüngl. *s* zu erwähnen in *diz* 330.

Die III. pers. sing. ind. praes. der I. sw. conj. endigt auf *-e*. Der abfall des ursprüngl. *-t*, sowie die nicht-geltung des auslautenden *e* vor vocal. anlaut sind besprochen pag. 56. *menjut* 385 für *menjue* ist versehen des copisten. Der abfall des *t* in den perfectformen der übrigen secundären verba und fut. sämmtlicher verba ist ebenfalls behandelt pag. 56.

Die III. sing. praes. **conj** der I. sw. verba ist nur regelmässig belegt: *gart* (und ähnlich) 3027, 3064, 3066, 3233, 3370, 2339, *recommant* (: *avant*) 3369, *oblist* (: *escrist*) 2116, *ajust* 1696, *parout* 2999, *demeurt* 3384, *quit* 3511, *leit* 2491.

Als endung[1] der I. pers. plur. **praes.** und **fut.** ist zunächst die am meisten vertretene *-ons*, resp. *uns* zu constatieren. Der copist schreibt so ausschliesslich und auch der verfasser vornehmlich: cf. 3685 *Nous avuns* : *compeignuns* und *avuns* : *suns* 2391, 2611, 4003, *savuns* : *suns* 3892.

Zweitens kennt der verfasser noch die normannische und westfranz. endung *-on*: cf. 1429 *non* : *celeron*, 2867 : *feron*, doch bietet diese verwendung ein wenig sicheres kriterium für den dialect eines denkmals, da auch dichter, die dem centralen und nordöstlichen sprachgebiete angehören, sich

---

[1] Betreffs der entstehung von *-ons* cf. Rom. XXI Meyer Lübke u. G. Paris.

ihrer bedienen, um reimverlegenheiten zu entgehen. (cf. Lorentz, p. 37.)

Ein *-ommes* ist im *praes.* nicht zu belegen, abgesehen von *sommes*, das sich durch die silbenzählung ergiebt; jedoch könnte man für oben genannte *avuns : suns, savuns : suns* auch die erweiterten formen vermuten, zumal in anlehnung an die im imperf. zu constatierenden *-iemmes, -iammes*. *Summes* wie *suns* verwendet der verfasser beliebig cf. *suns* 1460, 2159, 2648, 3984; *summes* 1161, 2628, 4005. Für einen bestimmten dialect beweist das auftreten von *summes* allein jedoch nichts. Es ist früh in allen teilen des contingents und auch im anglonorm. verbreitet. *Suns* ist im frühen afz. selten, es wird nach Meyer-Lübke II, 253 erst seit dem 13. jh. häufiger und ist dann in vielen dialecten, hauptsächlich des nordens, ostens und centrums nachweisbar.

Der I. pers. plur. *imperf.* ind. und des **conditionals** ist erstens die endung *ions* gesichert durch 1963 *pourrions : savuns*, 1137 *hons : pourrions*, 3535 *cuidions : hons* und zweitens die endung *-iens* 2405 *Oïl, certes, il ha lonc tens : Tant cum péumes l'endurens*. Letztere gehört nach *Suchier*, *Apfelstedt* und *Wailly* (Joinville p. 374) besonders dem östlichen gebiet, der Pikardie, Champagne, dem Wallonischen und Lothringischen an, zieht sich durch die Ile de France (Metzke, Arch. 65, p. 90) bis nach der Bretagne, wo sie (Görlich, Nordw. dial. 79) sporadisch in Urkunden auftritt und im Livre des Man. des Bischofs Estienne de Fougiéres (das G. für bretagnisch nachweist) durch den reim *prenien : crestien* weiter bestätigung findet. — Was die heimat unsers verfassers betrifft, so wird sie von diesem punkte aus dem *iens*-gebiete näher zu rücken sein, zumal dieses ferner in anspruch genommen wird durch die dritte endung der I. pers. plur. imp. und cond., d. i. *iemmes*, (cf. 3607 *Nous essaiemmes et véismes*), das bemerkenswerter weise als *iammes* vorliegt, im versinnern zunächst 1969 *Et que li touriammes la vie* und 1192 *Et se nous poviammes avoir* und zweitens im reim 1967 *Tout ensemble nous conseillammes* (I. pers. plur. perf.): *Que Joseph tout vif penriammes*; zur erklärung dieser form werden wir von *-iemmes* auszugehen haben.

Dem verfasser waren -ommes und -iemmes bekannt; der reim verlangte ein -ammes, so könnte er sich in anlehnung an die erweiterten endungen und die endungen, die ihm das perf. in der I. plur. in *leissames* 647, 2268, *alames* 648, *baillames* 2267, bot, diese neue conditionalform gebildet haben, vorausgesetzt dass *iemmes* auf den gebieten, wo sich sein auftreten mit der entwicklung von *femme* > *fame* berührte, nicht eine diesem worte analoge entwicklung erfahren hatte, wofür uns freilich die beweise fehlen. Auch in den nichterweiterten endungen von *iens* ist *a* für *e* zu bemerken, cf. 1974 *arians*, 2344 *oserians*, 1458 *deliverrians*, 1482 *amerians*, 3621 *deverians*, zu denen an imperfectformen des conjunctivs noch 1461 *meissians* und 1480, 3632 *peussians* hinzukommen. Dies ist, wenngleich es nur den schreiber zunächst betrifft, um so auffallender, als die scheidung zwischen *an* + *cons.* und *en* + *cons* mit grosser consequenz durchgeführt ist und die wenigen ausnahmen kaum in betracht kommen können. Wie stellt sich dieses *ians* für *iens* dazu? Die eine möglichkeit ist: zur zeit des copisten begann der ausgleich der imperfectformen auf dem *-iens*-gebiete, und wir müssen bei dem nebeneinander von *iuns, ions, ians, iens* in *-ians* eine übergangsstufe zu dem immer mehr um sich greifenden französischen *-ions* sehen, die auch vorliegen könnte, wenn der copist einem zwischen dem *-ions-* und dem *iens*-gebiete gelegenen grenzgebiete entstammte. Eine zweite möglichkeit: der copist hat die formen vorgefunden und wir setzen sie in beziehung zu erscheinungen, wie sie Görlich (Nordw. dialecte p. 79 ff.) aus urkunden der Bretagne, Anjou und Maine nachweist, cf. a. a. o. *faisans, otroians, voulans, savanz, voulans, greans*, und zweitens Burgass p. 18, einmalig in *voulans* neben mehrmaligen *-iens* belegt. Eigentümlich ist ja in den von Burgass citierten ortsnamen die tonerhöhung des $o > a$ vor nasal, ob aber die im unserm texte belegten conditionalformen und imperfecta conjunctivi denselben parallel zu stellen sind, muss vor der hand, aus mangel an entsprechenden belegen unentschieden bleiben. Auch die von Meyer-Lübke II, 175 constatierte endung der I. pers. plur. auf *a* in einem nordöstlichen gebiete bezieht sich nur auf das praes. und nicht wie hier auf imp. und cond.

Neben *-ians* stehen *-iens*: 1445 *aviens*, 3611 *péussiens*, 3906 *saviens*; *-ens*: 2406 *endurens*; *ions*: 767 *estions*, 3568 *avions*, 3557 *prenions : tourmentions*, 3705 *deverions*, 1138, 1437 *pourrions*, 3628 *péussions*; *iuns*: 1800 *voliuns*, 1963 *pourriuns*, 1991 *demandiuns*, 3706 *estiuns*, 3663 *soliuns*; also zusammenfassend haben wir für den schreiber das pik. wall. champ. gebiet vertreten mit 4 *-iens*, (resp. *-ens*) 8 *-ians*, 3 *-iammes*, 1 *-iemmes*; das franzisch-normannische mit 8 *-ions* und 5 *iuns*; für den verfasser das verhältnis der franzischen zu den übrigen formen wie *3 : 5*.

Für die I. pers. plur. praes. conj. ist *iens* ausgeschlossen. cf. 2625 *savuns : puissuns*.

Bei der I. pers. plur. **perf.** begegnen wir einem zug des wallonischen dialects; es ist die nur in den Dialogen Gregors entsprechende erscheinungen findende contrahierte oder vielmehr organisch entwickelte endung *ins* für *imes*;[1] die silbenzahl der verse sichert sie für den verfasser in 1977 *Nous oïns dire et tesmoignier* und der copist hat sie übernommen im reim 3577 *nous **pourvéins : nous voussins;*** dazu wenige verse vorher auch *uns = umes* 3571 **séuns**: *nous en* **percéuns**; sonst sehen wir im text nur regelmässige formen, cf. 1587 *véimes : féimes;* 1988 *méismes;* 1861 *préimes : aqueillimes* u. s. w.

Zur II. person plur. ist nur zu wiederholen, dass champagnisches *-oiz* in der II. pers. plur. fut. ausgeschlossen ist. cf. unter *oi*.

Über den wechsel zwischen ein- und zweisilbigen endungen der I. und II. pers. plur. imp. u. cond. ist oben gehandelt; die II. pers. plur. praes. conj. ist stets einsilbig; cf. *sachiez* 1456, 1681, 1712, 2277, 3682, 3899, 3931, 3939. Schreibfehler ist *déussier* 2851.

Bei der III. pers. plur. ist nur auf die endung *-erent* im perf. der I. sw. verba, und auf das rein franzische *irent* in *firent*, *prirent* und das einmalige *prisent* 1316 zurückzuverweisen. Lat. *voluerunt* ist über *voldrent* zu *vourrent* entwickelt cf. 2376.

---

[1] Meyer-Lübke, II, 313; u. Grégor Dial. 212, 16 *foins;* 86, 8 *attendins:* 221, 7 *desins* (237, 12, 266, 7); 265, 70 *departins;* 277, 5 *olus*.

II. Modi.

Der *Imperativ* der I. sw. conjugation endigt auf *-e* z. b. *doute* 1945, 2207, 2822, *pense* 2827, *conte* 3017, *cele* 3044, *moustre* 3061, *oblie* 3065, 3096, *escoute* 2799; das endungs-*e* ist wiederherzustellen in 2052 *Sanz lui feire, n'en dout neent* und *neent* einsilbig zu lesen. Von den imperativen der übrigen conjugationen sind regelmässig *di* 3039, 3091 ..., *fei* 2492, 2497, *quier* 2491, *gar* 1390, *mest* 62, 2503, 2511, *assié*, 2523. Der abfall des *-t* in *enten* 2083, *apren* 3319, *pren* 2503, ist erwähnt.

Beim *Conjunctiv des praesens* sind die von *prendre* und seinen compositis als' characteristica des champ. bekannten formen anzuführen 3583 *reviegnent : repreignent;* 3689 *qu'il se feigne : preigne*. Sie schliessen die dem normannischen eigentümlichen bildungen auf *-ge* aus, die auch im innern des textes nicht auftreten.[1] cf. 3248 *preigne*, 3340 *mespreigne*, 1756 *viegne*, 3078 *tiegne*, 2035 *vignes*, 1107 *vigniez*, 2552 *viegnent*, 2593 *reviegnent*.

Norm. *alge* und *muerge* werden ausgeschlossen durch 3445 *faille : que je m'en aille;* 1887 *destruire : muire*. Von *aller* sind die vom stamm *vado* abgeleiteten formen bevorzugt cf. 3114 *voit*, 3281 *voit*, 3969 *voist*, 2246 *voisent*[2], 3357 *voit : droit*.

Von *doner* ist *doignent* 3183, von *parler* : 2999 *parout*, von *aidier* 1896 *ajust* zu belegen.

Von *pooir* ist die analogisch gebildete, seit mitte des 12. jhs. auftretende form *puist* durch das versmass gesichert, cf. 1526, 1606, 3076, 3231, 3630.

Von *dire* ist der spätere analogische conjunctiv *-ise* noch ausgeschlossen, cf. 65 *que je die : acomplie;* 1849 *vilenie : maudie;* 3063 *redie : mie;* 2269 *die*.

Beim *conj. imp.* der primären verba der III. classe sind zwei bemerkenswerte ausnahmen von dem sonst beobachteten franzischen standpunkte vorhanden, welche die pikardische betonung *-ísse* statt *-ísse* bezeugen: von *croire* 2075 *Il couvendroit qu'en lui créisses : féisses* und von *pooir* 3301 *Pour*

---

[1] Diez⁵ II, 578, Burguy I, 243; Willenberg, Rom. Stud. III, 673.
[2] Über *voise* von dem nach *estois* analog gebildeten *vois* siehe Schwan, Gram. § 433, 1.

ce que voir dire ***pouïst****: mentist;* 3537 *naschist: pouïst;* 3659 *pouist: déist*. Diese drei letzteren belege des dem nordöstl. sprachgebiete und den dialogen Gregors angehörenden *póist,* resp. *pouist* verleihen *créïsses* erst wert, denn *créïsses* könnte an sich, wenn keine andern anzeichen der betonung *-isse* vorhanden wären, nur als eine directe folge der indicativform *créi* aufgefasst werden, die der reim 751 *Par le conseil de l'Ennemi: Qu'ele plus tost que Dieu **créi*** dem verfasser zuspricht. Eine lautgesetzliche berechtigung aus dem lat. *credidi* hat *créi* nicht, es ist vielmehr eine mundartliche analogische neubildung[1] nach den schwachen perfecten auf *-i,* und scheint besonders dem pikardischen eigen zu sein cf. Aiol 4998 *créi* (in e. tirade auf *i*), Dolopatos 148 *En aus se créi;* ferner Diez[5] p. 584.

Von *pooir* überwiegt übrigens der conj. imp. in der französischen gestalt: *péust* 517, 1439, 1729 : *fust,* 1133 : *éust,* 527, 2249 : *séust.* An verben der *habui* und *debui*-classe sind zu belegen: *plust : éust* 99, *fust : éust* 1019, 1643, 2695, 2705, *séust : apercéust* 3697. Angleichung hat das der *valui*-classe angehörende *morui* erfahren in 723 *moréust : réust (ravoir).*

In der II. pers. plur. sind die beiden classen vertreten *créussiez* 805; in der III. pers. plur. 1293 *séussent : connéussent,* 1339 : *apercéussent,* 2945 *éussent : fussent.*

Die *volui*-classe ist mit *venist* 4, 186, *convenist* 3208 (*: féist*), *vousisse* 1084, *vousist* 408, 1064 (*: veschist*) zu belegen. Letzteren bildungen nach der *si*-classe schliesst sich auch *valoir* an: 3547 *nuit : vaussist.*

Bei den starken verben der I. und II. classe ist die ausnahmsweise erhaltung des intervokalischen *s* in *mesist* 1772, *présis* 2433 bereits bemerkt. Der *desis*-typus, auf das perfectum schwacher verba übertragen, begegnet uns in *garessit* 1065 und *garissist* 1154.[2]

III. Tempora.

Zum **Praes. Ind.** ist nach dem, was bei den „personen" besprochen ist, nur wenig hinzuzufügen. An doppelformen sind verwandt von *oïr: ot* 498, 2963 und *oit* 1757, 3205 (*: qui-*

---

[1] Meyer-Lübke, II, 329.
[2] Meyer-Lübke, II, 339.

doit) von *celer*: *cele* 3004 und *coile* 2833; von *estre* begegnen innerhalb des textes die diphthongierten formen *ies* 127, *ietes* 2638 neben dem regelmässigen gebrauch der nicht-diphthongierten. Von *aller* ist nur *va* in der III. pers. sing. belegbar, cf. 2431 *va*: *s'agenouilla*, 3303: *verra*, 3479: *arrestera*. 3793: *ouvra*, 3801 *estrangla*.

Beim **imperf. ind.** ist vornehmlich an die mischung der formen sämmtlicher conjugationen zu erinnern; (siehe oben unter *oi*). Von *estre* sind die aus dem futurum übertragenen formen zu nennen: *iert* 736, 994, 996, 2065, 3888; *ierent* 422 (: *s'escrierent*) neben den überwiegenden formen *estoie, -es, -t, -ent*, z. b. *estoie* 4008, *estoit* 55, 210, *estoient* 47 u. s. w.

Vom **perf. ind.** sind die formen der starken verba der III. classe von grosser wichtigkeit. Eine starke mischung der verschiedenen dialectischen formen tritt uns entgegen. Zunächst finden sich in der überlieferung im innern und auch im reim die formen der *habui*-classe meist in der pikardischen gestalt, *eu, eut*, z. b. *eu*, 682, *seu* 817, 1308, *eut* 50, 108, 109, 117, 131, 134, 176, 200, 218, 295, 395, 598, 603, 611, 665, 697, 761, 819, 1049, 1085, 1091, 1093, 1135, 1273, 1298, 1362 u. s. f.; *seut* 860, 1297, 1495, 2481, 3153, 3753, 3841, 3862; *pleut (placuit)* 604, 1684, *eurent* 382; *seurent* 605. Seltener sind dann die normannisch-französischen formen, z. b. *ot* 118, 475, doch gehören sie auf grund der reime *ot*: *mot* 1115, 1271; *mot*: *plot* 2285 augenscheinlich der ursprünglichen mundart an. Endlich ist das ältere normannische *sout* zu nennen, im reime 1499 *sout*: *vout*; und wieder im gegensatz hierzu das nicht normannische *é* statt *o* in den endungsbetonten formen in den reimen: 3029 *éus*: *recéus*, 3571 *séuns*: *percéuns*.

pooir ist meist in den pikardischen formen vorhanden. cf. 1085 *eut*: *peut*, 605 *seurent*: *peurent*; dann aber finden wir die dem norden und osten der langue d'oïl characteristische, sich an *podis* anschliessende form *poïmes* vers 3608 *En toutes choses que poïmes*: *véismes*; im versinnern nur pik. französisches *péus* 821.

plaire zeigt neben den genannten *plot* 2286, *pleut* 604, 1684 und ebenso *taire* verschiedentlich angleichung an die verba der *debui*, resp. *nocui*-classe, deren einwirkung namentlich bei zwei sich in ihren consonantischen bestandteilen so gleichenden formen wie die aus *plovuit und *placuit entwickelten formen näher liegt, wie die angleichung der stammbetonten formen an die endungsbetonten, für die die ersten anzeichen erst seit der mitte des 13. jhs. zu belegen sind.[1] Der einfluss des reimes wird zudem nicht zu unterschätzen sein. Wir sehen im reime 211 *fust : ainsi li plust*, 99 *plust : eust*, 273 *connurent : turent*, 2097 *plurent : plurent* und im versinnern *plut* 1712, 2144, 3499, *plust* 2862, *tust* 2295.

Was die verba der *debui* und *nocui*-classe selbst betrifft, so ist ein unterschied in den formen der verba nicht zu bemerken. *diu*-formen fehlen für dieses tempus; wir dürfen sie aber auf grund der vorhandenen *diu*-partizipia voraussetzen; da der verfasser *iu : u* reimt, so kann sehr gut *perciurent : furent* vorhanden gewesen sein; überdies ist es ja bekannt, dass stets *dui*-formen neben den *diu*-formen in denselben denkmälern nebeneinander begegnen. An reimen liegen vor 2487 *bui : fui*, 2313 *percurent : furent*, 3523 *apercurent : furent*, 2843 *furent : durent*, 3951 *crut : dut*; im innern des textes *concut* 751, *bust* 2019, *apercut* 2530, *estut* 1588; von verben der *nocui*-classe: 2099 *plut : fust*, 273 *connurent : turent*, 2097 *plurent : plurent*, 2275 *furent : murent* und im versinnern *connut* 868.

Von der *volui*-classe ist *je voil* 1339 und das nach der *si*-classe gebildete *vous* 1315 zu belegen; ferner *voussis* 2042, *vousis* 2437, *vout* (*voluit*) 135, 137, 331, 994, 2182, 3001 ..., und *voust* (*volsit) 32, 97, 212, 411, 412, 742, 759, 822 ..., (beide formen sind lautlich gleich, da *s* verstummt ist); *voulsimes* 1805, *voussins* 3578, *voussistes* 2753, 2755, *vourrent* 2376.

venir ist mit *vins* 745, 3017 und *ving* 954, 1607; 2. sg. *venis* 2436; 3. sg. *vint* 717, 3229; 3. plur. *vinrent* 525, *vintrent* 1851 zu belegen; dazu die formen der composita: *devint* 1369, 3465, *couvint* 3466, 1456, *avint* 1455, 2762, *revint* 3747.

tenir ist belegt 3. sg. *tint* 718, 1370, 3230, 3447 und 3. plur. *tinrent* 213, 624.

---

[1] *Suchier*, as. II, 286.

Zur *valui*-classe ist nichts zu sagen; ebenso bieten die verba der ersten und zweiten starken conjugation nichts bemerkenswertes.

Part. perf. I. die partizipia der verba der III. starken conjugation sind vorwiegend in der gemeinfranzösischen gestalt vertreten, cf. *a*: part. der *habui*-classe *éu*: *vertu* (173): *endendu* (1465, 2401): *Jhesu* (1973), *éue*: *nue* (119): *eschéue* (1361): *véue* (1661); *b*: der *debui* u. *nocui*-classe: *recéuz*: *requeilluz* 573, *esperduz*: *créuz* 73, *decéu*: *apercéu* 621, *concéuz* 2188, *percéu*: *connéu* 2595, *respondu*: *connéu* 1383, *devenuz*: *créuz* 2269, *connéu* 616, *fluz*: *parcréuz* 2845, *esléu* 3202, *néu*: *perdu* 3647, *créu* 2539, *créuz*: *confunduz* 3677, *véues*: *percéues* 3137; diesen letzteren zur seite stehen einige gekürzte partizipialformen, die wir angesichts der ausgesprochenen bewahrung der im hiatus stehenden vortonvokale, dazu der nichterhaltung des auslautenden -*t*, nur als *diu*-partizipien auffassen können, wenn auch die schreibung nur einfaches *u* zeigt. Diese sind: 131 *Eve eut concut si enfanta*; 1270 *Il ha lut ce que dedenz ha*; 1277 *Et dist: Les lestres lutes ei*; 2806 *Or en ha recut sen louier*; 2990 *Vous ha eslut à lui servir*. Der verfasser muss also auf dem *diu*-gebiet oder mindestens an der grenze desselben gelebt haben.

Zu einigen der genannten partizipien kommen noch formen hinzu, die direkt aus dem lateinischen entwickelt sind wie *eslit* (hs. *eslist*): *mist* 598, : *Crist* 2998, *eslites* 3305; neben *néu* 3947 steht das alte *t*-partizipium *nuit* 3547 (: *vaussist*); zu *reponre* ist das part. *repus* 861[1] zu bemerken.

Die partizipia der starken verba der *si*-classe bieten nichts besonderes. cf. *mis* 564; *pris* 563, *apris* 2041, *assis* 2486 u. a. m.

Futurum. Die verba der I. conj. mit dem stammesausgang auf nas. oder liqu. werfen das *e* der infinitiv-endung aus, so 734 *menra*, 1545 *menrez*, 950 *emmenrei*, 1554 *emmenruns*, 450 *donrei*, 2304 *donra*, 446, 3379 *donras*, 1540 *donroie*, 2978 *donrez*, 452 *demourras*, 3285 *demourrei*, 2928, 3124 *demourra*, 2346 *demourrez*, 347 *demourrunt*, 2750 *comparra*, 3342 *comparroit*, 2082 *aourrei*; der ausfall nach *r*

---

[1] Zu *repus* cf. Meyer-Lübke II, 233 u. Förster, Aiol, Anm. zu 926.

ist namentlich in der Champagne und dem süden der Pikardie häufig, ebenso wie die metathesis von *re* nach cons. und die attraction an das *r* der inf.-endung z. b. 76 *enconterras*, 151 *rememberrai*, 3676 *ouverroit*, 3566 *deliverroit*, 1458 *deliverrians*; auch in *soufferroit* 8 und *couverroit* 3157 ist umstellung eingetreten, zugleich repräsentieren die beiden formen neben *orras* 947, *orrunt* 957, *orrez* 1100, 1412, *morrez* 1904, *mourroit* 668, *requerroie* 2763, *afferroit* 3157 die alten formen ohne das später neu eingefügte -*i* des infinitivs.

Die einfügung eines *e* in die futur- und conditionalformen der verba der II. und III. conj. siehe oben u. versbau: desgl. die fast ausschliesslich verwandten kurzformen von *avoir* und *savoir*.

Zu *laissier* lauten die futur- und conditionalformen *leirei* 814, 3272, *leira* 444, *leirez* 2347, *leiruns* 2640, *leirunt* 470, *leiroit* 2960; von *venir* und *tenir* sind in der überlieferung noch die alten formen ohne den diphthong *ie* ausnahmelos vorhanden, cf. *revenrei* 408, *tenrei* 407 u. s. w.

Über die einschiebung eines dentalen hülfslautes zwischen *n* und *r* siehe unter R.

Infinitiv. Beim infinitiv ist nur darauf zurückzuweisen, dass weder die pikardische reduction *ier* > *ir* zu belegen war, noch die infinitive *véir*, *séir*, *chéir* der überlieferten und der ursprünglichen mundart zu kommen.

Der inf. *suir* (*sequire) cf. 2439 *obéir*: *suir* weist auf keinen bestimmten dialect.

IV. Zusammenfassung
der in der bisherigen einzeluntersuchung gefundenen, für die sprache des verfassers und das alter des denkmals characteristischen züge.

I. Die Sprache des Verfassers.

1. *lat. a in freier silbe* ist zu *e* geworden. Durch diese thatsache kommen die südwestlichen dialecte für unser denkmal nicht in betracht. Die erhaltenen *a* in adjectivis mit der endung *-alis* stehen in gelehrten wörtern.

2. *an* + *cons.* und *en* + *cons.* werden nicht mit einander im reime gebunden. Die auseinanderhaltung ist sehr conse-

quent und spricht für norm., pik. wallonisch und die nordwestlichen mundarten.

3. die reime von *femina = fame* zu *ame* und *dame* lassen von der nördlichen Pikardie und dem wallonischen gebiet absehen.

4. das suffix *-aticum* scheint durch den reim 3035 *donneige : lignage* zu *-aige* entwickelt zu sein, was für den osten, die Pikardie und den westen sprechen und Normandie und Ile de France ausschliessen würde; mit gleichem rechte kann der reim für pikardisch allein *(a = ai)* gelten. Ein anderer beleg bietet sich jedoch weder für den nachlaut i nach a, noch für die reduction des diphthongs $ai > a$.

5. dem verfasser ist die vielfach im pikardischen nachgewiesene ausstossung des l in der gruppe *-els = alis* nicht bekannt.

6. das fehlen des weit verbreiteten *nachlautes i nach e^3 (entstanden aus a)* weist auf Ile de France, Champagne und Normandie.

7. $e^3 = a$ reimt mit e aus lat. gedecktem e in 2203 *racheter : Enfer*, ein reim, der für anglonorm. eintreten würde.

8. diphthongierung *des lat. e in position*, die in Flandern und Artois auftritt, ist für den verfasser ausgeschlossen.

9. *lat. $\breve{e} + i$ ist über iei zu i entwickelt*, wodurch das franz. champ. pikardische von den übrigen mundarten sich sondern, indem der osten (wall. lothr. burg.) *ei*, das normannische *ie* und die westlichen mundarten wieder *ei* aufweisen. Das gemeinnormannische untersteht jedoch sehr zeitig dem französischen einflusse und nur das südnorm. fällt ausser betracht, da es mit den westlichen mundarten übereinstimmt.

10. die lat. endung *-ivus* verliert den labial, erfährt also nicht die pik. wall. diphthongierung zu *iu*.

11. die behandlung der *gruppe il, ill + s* ist zwar in divergierenden belegen vorhanden, doch dürfte die hauptsächlich pik.-wall. entwicklung zu *ius* der ursprünglichen mundart zukommen.

12. das pikardische *service* ist durch die im reime mit stimmhaftem *s* belegten formen für den verfasser ausgeschlossen.

13. die infinitive *veïr, seïr, cheïr* statt der gemeinfranzösischen *veoir, seoir, cheoir* sind nicht in userm text zu belegen. Das von *cheoir* vorhandene schwache perfect weist nicht auf einen besonderen dialect.

14. die pikardischen pronomina *mi, ti, si* fehlen.

15. *lat. geschl. o ist in offener silbe* zu *eu* geworden. Diese entwicklung schliesst die Normandie, die nur *o* kennt, und den westen und osten aus, wo *o* nicht weiter als zu *ou* entwickelt wird. Es bleiben mithin Ile de France und Pikardie.

16. die *nomina agentis auf -eour* unterstützen den französischen dialect, da sich in ihm die formen *-eour* am längsten bewahren.

17. die durch die reime feststehende nicht-diphthongierung des *o* vor nasal in *homo* spricht gegen den osten und den nordosten.

18. hinsichtlich der diphthongierung des lat. offenen *ǫ* in freier silbe ist unser text frei von dem schwanken, das norm. und anglonorm. denkmäler aufweisen. *ǫ* ist stets zu *ue* diphthongiert.

19. geschlossenes *o* reimt nirgends mit *u*, ein punkt, der gegen norm. und anglonorm. heimat spricht.

20. der diphthong *ai* hat wie *ei* vor nasal und mehrfacher consonanz bereits den offenen *e*-laut, eine erscheinung, die am frühesten im norm. franz. und champ. zu constatieren ist, während das pik. *ai* bis nach der mitte des 13. jhs. bewahrt und eher *ei > ai* übergehen lässt.

21. reime von *ain : ein* weisen darauf hin, dass dem verfasser der im osten stattfindende übergang von *ei > oi vor nasal* fremd war.

22. bindungen von *ie : e* weisen zwar zunächst auf das anglonormannische, würden aber auch mit normannischer herkunft vereinbar sein (siehe oben).

23. *iée* zu *ie* reduziert, weist uns wieder nach dem pik. wall. lothring. sprachgebiet.

24. aus vulg. lat. *e* in offener silbe entwickeltes *ei* ist zu *oi* weiter entwickelt, ein wichtiges moment gegen normannische heimat und die westlichen dialecte.

25. einen weiteren beweis gegen diese letztgenannten sprachgebiete erhalten wir in der *mischung der imperfecta* aller conjugationen. Sowohl normannische *oue, œ, out, ot*, wie nordöstliches *eve* werden damit ausgeschlossen.

26. doppelformen des lat. *precari* im praes. ind. *pri* und *proi* begegnen uns im franz., champ. und pikardischen.

27. die form des demonstr. pronomens *aus* = *illos* ist pikardisch. Ausser der franz. normannischen gruppe wird auch das wallonische ausgeschlossen, das *eaz* entwickelt, ebenso steht es mit lothring. *eos*.

28. die reduction der diphthongen *ieu* > *iu*, eine characteristische erscheinung des pikardischen, ist in *liu (:fu:tu)* gesichert. Allerdings können dieselben reime auch für anglonorm. und normannisch zeugnis ablegen.

29. *lat. ŏ + i-element ist zu ui entwickelt* eine eigentümlichkeit, die nur das gemeinnormannische und champagnische mit dem franz. teilen, allenfalls das pikardische, dessen doppelformen nicht vertreten sind.

30. die einschiebung des hülfslautes *d* in die gruppe *nr* spricht für die normann. franz. dialectgruppe und gegen Pikardie. Für *b* zwischen *ml* ist die einschiebung unsicher, da nur die gleichen elemente mit einander reimen.

31. hinsichtlich der *gutturalen consonanten* steht der Roman du St. Graal auf französchem standpunkte.

32. *auslautende isolierte dentalis* ist abgefallen, doch scheint der verfasser die pikard. bewahrung des *t* im part. *-ut*, gekannt zu haben.

33. die rein französchen perfecta: *prirent, firent* sind eigentum des verfassers; pik. *-isent* ist ausgeschlossen, auch norm. *-istrent* kommt nur dem copisten zu.

34. *t + s ergiebt z*, eine entwicklung, die gegen das *-s* der pikardischen mundart spricht.

35. überwiegend ist der gebrauch der verkürzten pikardischen pronomina possessiva *no, vo*, neben geringerer verwendung des franz. norm. *nostre, vostre*. Verhältnis ungefähr 2:1.

36. das absolute poss. pron. hat für das masc. die zuerst im NO. auftretenden analog. *sien, tien*, für das fem. franz. champagnisches *moie* zu belegen. Erstere weisen zunächst auf

wallonisch, dann pik., schliessen aber Champagne, Zentrum, Westen und das anglonorm. aus.

37. die durch die silbenzahl feststehende contraction von *là ou* zu *lau* weist auf nordöstl. dialecte.

38. in der *I. pers. plur. praes. u. fut.* hat der verfasser vorwiegend *-ons,* zweimal normannisches *-on,* die erweiterte endung *-mes* nur in *summes.*

39. die *I. pers. plur. imperf. u. cond.* endet teils auf norm.-franz. *ions,* teils auf *iens* und dessen erweiterung *-iammes,* die uns nach dem nordosten weisen. Verhältnis 3 : 5.

40. aus der silbenzahl der verse geht hervor, dass der verfasser die im pikard. zuerst auftretenden *einsilbigen endungen ions, iens, iez* im imperf. und cond. gekannt hat. Ihre zahl ist 8 (: 23), abgesehen von den zweifelhaften belegen.

41. einen wallonischen zug sehen wir in der gekürzten endg. der *I. pers. plur. perf. oïns, séuns, voussins,* einen weiteren zugleich östl. und champ. zug in *poïmes.*

42. die speziell champagnischen conjunctive: *preigne* u. s. w. stehen für den verfasser fest. Norm. conjunctiv auf *-ge* ist ausgeschlossen.

43. die betonung *-isse* statt *-usse* im *conj. imperf.* der starken verba der III. classe weist auf pik. wall. gebiet. Daneben stehen von den gleichen verben die franz. formen.

44. die stammbetonten perfectformen der verba der *habui-*classe weisen teils pik., teils norm.-franz. formen auf. Die zu constatierende gelegentliche angleichung an *nocui-*verba wird zuerst im pik. nachgewiesen.

45. *diu-formen der debui-classe* stehen für den verfasser im part. perf. fest.

46. im *fut.* und *cond.* ist vorwiegend *e* bei verben der lat. II. und III. classe eingeschoben, das *e* zählt als silbe wie in pikardischen texten.

Betrachten wir diese einzelnen mundartlichen züge hinsichtlich ihrer zusammengehörigkeit, so treten uns zunächst zwei gruppen entgegen, von denen die eine aus continentalen zügen besteht (sie ist die umfassendere), die andere anglonormannische momente aufweist. Diese letzteren werden durch

No. 7 und No. 22 gebildet, zu denen eventuell das gleichzeitig der andern gruppe angehörige 28 hinzutreten würde. Von den festländischen dialectischen zügen verteilen sich die merkmale zu je grösseren teilen auf Ile de France und die Pikardie.[1] Für Ile de France sprechen: No. 6, *9, *15, 16, *17, 20, *24, *25, *26. *29, 30, 31, 33, 34, 38, *44. Für die Pikardie: 2, 4, *9, 12, *15, *17, 23, *24, *25, *26, 27, 28, *29, 32, 35, 36, 37, 39, 40, 43, *44, 45, 46. Von den im franz. und pik. verschiedenen entwicklungen überwiegt in No. 39 die pikardische, in No. 40 die französische.

Das normannische nimmt mit No. 6, 20, 30, 34 stellung zum französchen, mit No. 2, 28, 29 stellung zur pik. mundart. Das wallonische tritt mit No. *2, *23, *37, *39, *43, 41, *45 hervor (die mit * versehenen sind zugleich pik.) das champagnische mit No. *6, *9, *20, *26, *29, 42 (* zugl. französisch). — Kleinere züge aus dem lothringischen und den westlichen mundarten, die mit einer der genannten mundarten übereinstimmen, dürfen vernachlässigt werden, da die hauptcharacteristica dieser gebiete nicht vertreten sind. Denn es fehlt das *lothringische* z. b. in folgenden punkten:

<small>a. das imperf. der I. sw. conj. auf -*abam* ist im lothr. burg. zu -*eve* entwickelt; b. die III. pers. plur. perf. der I. sw. conj. lautet auf -*arent* aus. c. *oi* aus *ei* vor *n* und moulliertem *l*; d. der nachlaut *i* nach e^3 = lat. *a*; e. $\bar{e} + i$ ergiebt *ei*, nicht *i*; f. $\bar{o} + i > oi$, nicht *ui*; g. *o* ist nicht über *ou* hinaus entwickelt; h. *ent* und *ant* sind gemischt u. s. w.</small>

Auch das *wallonische*, das von den eben genannten merkmalen a., b., d., e., f. gleichfalls besitzt,[2] hat nur geringen teil an den mundartlichen erscheinungen unseres textes. Ihm widersprechen ausserdem

<small>die form *fame*; das pik. *aus* gegen wall. *eaz*; das *fehlen* der diphthongierung von lat. *ę* in position; von *ǫ* vor nasal; der ausstossung des labials in der lat. endung -*ivus*.</small>

Ferner fehlt das *champagnische* beispielsweise mit

<small>*oiz* = *ez* in der II. plur. fut.; *oi* vor *n*, *l̃*; *o* = vulglat. *ǫ*: *eus* = *illos*; *age* = *aticum*; *leu* (= *locum*) nicht *liu* etc.</small>

---

[1] Die mit * versehenen sind franz. u. pik. zugleich.
[2] cf. Wilmotte, Rom. XVII, XVIII.

Die mundarten des *westens* und das *südnormannische* werden ausgeschlossen, da sich folgende entwicklungen in unserm texte finden

a. *eu* = *o*; b. *i* = ĕ + *i* (dort *ei*); c. *ui* = ŭ + *i* (dort *uei*); d. *oi* = vglt. *e* in offener silbe (dort nur *ei*); e. die mischung der imperfecta aller conjugationen; f. *ie* = *iée* u. s. f.

Ziemlich dieselben punkte sprechen auch gegen *normannische* herkunft (ausgeschlossen b. u. c.). Es tritt noch hinzu, dass *-aticum* dort nicht *-aige* ergibt oder eine reduction von *ai* > *a* nicht möglich wäre; ferner der mangel an reimen von *u* = vulglat. *o* auf *u* (= lat. *u*); die entwicklung *illos* > *aus*, dem gegenüber normannisches *eus* nicht gesichert ist. Überhaupt sind an normannischen merkmalen meist nur solche vertreten, die entweder gleichzeitig pik. oder franz. gemeingut sind. Auch das *anglonormannische* wird höchst unwahrscheinlich die ursprüngliche mundart gewesen sein, nicht allein wegen des fehlens der gemeinsamen normannischen züge, sondern auch wegen des bedeutenden übergewichts der vereinigten franz. pikardischen erscheinungen. Die bindungen von *ie : e* sind ja allerdings, abgesehen von dem oben pag. 41 über ihr vorkommen im norm. ausgeführten, ein starkes moment des anglonorm. dialectes, allein in anbetracht des eben gesagten bleibt dann nur die möglichkeit, dass der verfasser vom festlande stammt, aber in England gedichtet hat oder nach dem muster der anglonormannischen denkmäler sich die bindungen von *ie : e* als reimfreiheiten aus reimnot zu nutze gemacht hat, ähnlich wie er auch sonst den einfachen vokal zum zweiten teil eines diphthongen reimen lässt.

Stellen wir uns die frage, welchem gebiet auf dem festlande der verfasser entstammen könnte, so weisen uns die sprachlichen erscheinungen auf ein folgendermassen begrenztes gebiet:

No. 2, die trennung von *ent* und *ant* schliesst zunächst ein gebiet gegen süden ab, von dem die orte Chevreuse, Sarcelles, Soissons, Reims und östlich von Reims die orte St. Menehould u. Vitron ausgeschlossen sind. (cf. Suchier's karten in Gröbers Grdr. I.)

Gegen westen fällt die grenze, vom meere an verfolgt, mit der grenze des heutigen départ. Seine Inférieure ungefähr zusammen und lässt *ent* auf einem streifen rechts der beiden départements Eure und Eure et Loire, der sich von Beaumont über Mantes nach Dreux zieht. Dieselbe linie sondert auf grund von No. 24 *(e > oi)*, 29 *($\tilde{o}+i=ui$)* und 25 (die mischnng der imperfecta) im westen die heutigen Seine Inférieure, Eure und Eure et Loire ab. Haben wir gegen den süden die südlicher als die grenze von *ent* und *ant* laufende grenze der entwicklung von *o > eu* vernachlässigen können, so müssen wir sie im osten wieder aufnehmen. Dort biegt sie östlich von Soissons nach norden um und schliesst etwa Département Ardennes von unserem gebiet ab, ein gebiet, das zugleich durch No. 9 ($\breve{e}+i$) und 29 ($\tilde{o}+i$) ausgeschlossen ist.

Diese östliche grenze dürfen wir parallel nach westen verschieben, da die Champagne ausgeschlossen ist. In moderner bezeichnung können wir also auch vom Département Aisne absehen.

Dieses so abgegrenzte stück Nordfrankreichs erfährt eine weitere beschränkung durch das fehlen des nachlauts *i* nach $e^3 = a$. Es kommen damit Vermandois, das gebiet um St. Quentin (cf. Neumann p. 17) Hennegau und Flandern in wegfall. Flandern und mit ihm Artois, würden auch auf grund von No. 8, der fehlenden diphthongierung des lat. *e* in pos. und No. 3, der entwicklung von *femina > fame* nicht in betracht kommen können. So würde die grenze nach norden vielleicht durch eine linie nördlich von St. Quentin dargestellt werden (cf. Metzke, Arch. 64, 395). Für die in unserm texte constatierten pikardischen erscheinungen bliebe demnach nur das Ponthieu, dessen lage an der grenze des *diu*-gebietes einerseits und in der nähe des französischen sprachgebietes anderseits sich gut mit der in unserm text vorhandenen dialectmischung vereinigen würde. Gewisse erscheinungen wie No. 11 sind sogar urkundlich für das Ponthieu in je der franz. und pikard. gestalt gesichert.

Scheint nun auch die vereinigung der pikardischen momente 2, 4, 11, 15, 23, 27, 32, 35, 36, 37, 39, 40, 43, 45, 46, den schwerpunkt auf das ponthivinische zu legen, so würde es doch sehr gewagt sein, den verfasser einen pikarden, vielleicht einen pikarden, der franzisch schrieb, zu nennen. Wesentliche merkmale No. 13, 14, fehlen, dem pikardischen widersprechen eine menge reime (No. 20, 34), der zustand der gutturale spricht wiederum für Ile de France, während andrerseits vielleicht $z = t + s$ nur vom schreiber herrühren könnte und die einzelnen $s = t + s$ als pikard. residua angesehen werden dürften.

Wir werden uns darauf beschränken müssen, *ein grenzgebiet* zwischen beiden gebieten anzunehmen und zwar dürfte dasselbe nicht südlicher als *an der berührungssphäre der diu- und dui-formen* zu suchen sein, um so den südlichsten teil des Ponthieu und von Ile de France den nordwestl. teil, das Beauvaisis, wo noch *ant* und *ent* geschieden sind, zu umfassen.

Mit diesem an die Normandie grenzenden gebiet würden dann auch die normannischen momente vereinbar sein.

Dürfte man ja, wie bereits p. 38 erörtert, einer einzigen erscheinung genügenden wert beilegen, so böte sich vielleicht in dem reime: *feire : memoire* gelegenheit zu engerer lokalisierung auf grund der von Burgass für das Pays de Bray[1] festgestellten entwicklung von $ai > oi$ hinter labialen. [Nicht wenig würde ja dazu stimmen, dass aus dem nordosten von Seine Inférieure frühzeitig im 13. jh. die jüngeren formen der verba *-ier* constatiert sind.] Allerdings kann der verfasser diese mundartliche erscheinung bloss gekannt haben, und braucht nicht selbst daher zu stammen. Denn noch manches andere, abgesehen von den anglonormannischen anzeichen, passt nicht in den gewonnenen raum hinein. Allein bleibt das wallonische *oïns* etc., das nordöstl. champ. *poïmes*, das nordöstl. *lau*, u. m. Auch *pouist* gehört dem osten an. Für *-iammes* blieb uns im grunde nur die erklärung einer willkürlichen analogiebildung; und wir müssen uns schliesslich mit der erklärung behelfen, dass der verfasser aus denkmälern anderer dialecte entlehnungen gemacht, dass er auf seinem mutmasslichen wanderleben viele dialecteigentümlichkeiten kennen gelernt habe, und dass es sich bei unserm denkmal wie bei dem Dis

---

[1] Das Pays oder Vallée de Bray liegt auf der grenze von Normandie und Pikardie und zieht sich bis in das département de l'Oise, das alte Beauvaisis, hinein.

dou vrai aniel verhalte, von dessen sprache Tobler p. XIX vermutet, dass sie nicht eine thatsächlich in einem bestimmten dialectgebiet gesprochene sprache repräsentiere. Ein eklectisches verfahren des verfassers in der behandlung der sprache ist auch unverkennbar. Wie sollten wir sonst wohl die vereinigung der vielen continentalen momente oft weit von einander entfernter gebiete mit den zeichen anglonormannischen sprachgebrauchs erklären können, zumal eben in der lautlehre keine weiteren anhaltspunkte für die entstehung auf englischem boden vorhanden sind, und die behandlung der declinationsregeln bis auf wenige, seit früher zeit zum teil erlaubte fälle correct zu nennen ist und durchaus nicht gegen continentale herkunft spricht.

Zuletzt sei noch darauf aufmerksam gemacht, dass das von uns begrenzte continentale gebiet weder mit der von P. Paris (Les Romans de la Table Ronde I, 110, Rom. I. 422, angenommenen lothring. herkunft des verfassers aus Boron, bei Delle, dép. Haut Rhin, noch mit der von Hucher, Le Saint Graal I, 34 vermuteten heimat Roberts in Bouron am südl. ende des waldes von Fontainebleau (im Gatinais) übereinstimmen würde, im gegenteil gegen diese beiden annahmen zeugt.

Als *Anmerkung*, weil über den vorgezeichneten rahmen dieser untersuchung hinausgehend, sei hinzugefügt, dass der name *Bouron, Boron, Buron* u. ähnl. variationen desselben als ortsname in Frankreich ziemlich häufig anzutreffen ist, so z. b. nach d. Dictionnaire topographique: Dép. Yonne: Beron, commune de Brienon 1689, fief relevant de l'archev. de Sens; Dép. Morbihan: Bourron (le Haut et le Bas) village, commune de Baud (B. arondissement de Napoléonville); Dép. Nièvre: Borron, détruit, commune de Challuy, mentionné en 1441; Bourons, commune de Pougny; Bouront, moulin, commune de Saint Gretion; Le ruisseau de Bouron, 1418; Dép. Yonne: Bouron, commune de Champignelles, château existant au XIIIe siècle, aujourdhui détruit. Dép. Eure: Les Burons, ravin aux Andelys. Ein château de Buron ist auch in der Grande Encyclopédie genannt, ohne nähere angaben. Konnten wir hierbei, in ermangelung weiterer hülfsmittel, einen ort ähnlichen namens in der nähe der Pikardie (zur zeit!) noch nicht finden, so scheint doch der von Fr. Michel p. XII, citierte Robert de Berron („nommé en 1231 dans les Etablissements et Coutumes, Assises et Arrêts de l'Echiquier de Normandie".. p. p. Marnier) dafür einzutreten, dass auch in dieser gegend Frankreichs der name oder die familie des namens bekannt war, und die möglichkeit der existenz eines ortes für die alte zeit bleibt uns unbenommen.

2. Die Datierung des Denkmals.

Lautlehre, declination, conjugation und silbenzählung geben uns für die abfassungszeit folgende anhaltspunkte:

I. die vocalisation des l vor consonant ist zur zeit des verfassers als durchgängig vollendet zu betrachten.

II. s vor liquida und muta ist verstummt.

III. das intervokale d hat keine geltung mehr.

IV. auslautendes t ist in der III. pers. sing. praes. ind. abgefallen, das freistehende e wird vor vokalischem anlaut elidiert und zählt nicht als silbe.

Sämmtliche vier erscheinungen sind bis zur mitte des 12. jhs. abgeschlossen. Von diesem zeitpunkte an kommen folgende punkte in betracht:

V. die conjunctive *puist, voist* an stelle der früheren *puisse, voise*.

VI. die reduction der participalendung *-iée* zu *ie*, welche im pikardischen dialect, wo sie zuerst auftritt, seit dem letzten drittel des 12. jhs. zu constatieren ist. Diese thatsache dürfte wohl ungefähr den *terminus a quo* vertreten.

VII. die feminina der lat. III. declination sind meistens unflectiert. Der thatbestand der reime ergibt das verhältnis 12:1, das ungefähr auf die drei letzten jahrzehnte des jhs. hinweisen dürfte.

VIII. die masculina der frz. II. und die masc. der III. decl. auf *-re* haben schon verschiedentlich analogisches *-s* im nom. sing. angenommen; das verhältnis der älteren formen zu den jüngeren ist 20:7. Obwohl Crestien keine formen mit analog. *-s* im nom. verwendet, sind die analogischen formen doch schon seit der mitte des 12 jhs. zu finden. Je nachdem die dichter von reim und silbenzahl abhängig sind oder die sprache sorgfältig behandeln, finden wir die jüngeren formen mehr oder weniger zahlreich in den denkmälern vertreten, so dass wir, auf diesen punkt hin, nicht nötig haben, unser denkmal in das 13. jh. zu rücken.

IX. die declinationsregel ist nur wenig verletzt; die verstösse beschränken sich auf eigennamen und wörter, die einen persönlichen begriff ausdrücken, wie *evesque, emperere, suer*. Die beiden letzteren sind schon im Rol. mit dem obl. vertauscht, weisen also am wenigsten auf eine späte abfassungszeit.

Vertauschungen wie *enfant* für *enfes* u. dergl., die mit dem 13. jh. in dem continentalen französisch anzutreffen sind, begegnen in unserm denkmal nicht.

Beim adjectivum ist ebenfalls die zahl der verstösse eine sehr geringe; sie finden sich noch dazu beim prädicativen gebrauch des adjectivs und sind zum teil durch den einfluss des reims veranlasst.

X. die lateinischen adjectiva zweier endungen haben für masc. und fem. *eine* form, nur einige sehr vereinzelte neubildungen des femininen adjectivs: *tele, quele* begegnen. Gerade diese beiden formen treten jedoch am frühesten, im 12. jh. auf und können daher kein kriterium für frühe oder späte abfassung mehr bieten. Von andern adjectiven fehlen neuere feminin-formen durchaus; wir sehen also auch hierin unser denkmal auf dem standpunkt des 12. jhs.

XI. die analogisch gebildeten formen des possessivpronomens: *tien, sien* weisen auf das ende des 12. jhs.

XII. die I. pers. sing. praes. ind. und conj. weist in 7 fällen auf 16 schon analog. -*e* auf; wenn wir auch die meisten derselben uns durch den einfluss des reims und die not der versfüllung erklären können, nähert uns dieser prozentsatz immerhin sehr dem ende des 12. jhs. Einen absolut sichern beweis liefert dieser punkt nie, da dichter zur selben zeit und am selben ort oft die widersprechendsten verhältnisse aufweisen.

XIII. die einsilbigen endungen der I. und II. pers. plur. imperfecti und conditionalis stammen aus dem pikardischen, wo sie bereits im 12. jh. üblich sind.

XIV. die im hiatus stehenden vortonvokale sind mit wenigen ausnahmen, deren vorhandensein bereits frühzeitig constatiert ist, noch nicht angetastet, ein beweis für das 12. jh. Mit dem 13. jh. beginnen bereits die contractionen und zwar zuerst im pikard.-wallonischen dialectgebiet.

XV. eine einzige ausnahme davon macht zweisilbiges *deables*, geschrieben *dables* (neben 11 dreisilbigen formen „deables"), da dasselbe erst im 13. jh. begegnet, d. h. es ist nicht früher schriftlich bezeugt. Doch ist gerade bei einem derartigen worte, das leicht bei den äusserungen des unwillens, zorns, der verwünschung gebraucht wird, eine gekürzte form in der gesprochenen sprache wohl früh vorauszusetzen; dass dieselbe in der litteratur nicht früh verwandt wird, ist schliesslich begreiflich.

XVI. die festgestellten inclinationen: *jel'*, *sel'*, *nel'*, *nes* und *j'ou*, *n'ou* weisen auf das 12 jh. Die häufige verwendung der offenen formen widerspricht keineswegs hierbei, empfiehlt aber, das denkmal mehr dem ausgang des jahrhunderts zu nähern.

Von den hier aufgestellten erscheinungen gibt uns zunächst No. VI das letzte drittel des 12 jhs., No. VII beschränkt dasselbe auf die letzten drei jahrzehnte, was No. VIII und IX unterstützen. No. X, XIII, XIV sprechen im allgemeinen für 12. jh. und No. XI, XII und XVI lassen mehr die letzten jahrzehnte des jhs. in's auge fassen, und so werden wir wohl nicht fehl gehen, wenn wir die *abfassung des Roman du Saint Graal in die letzten zwei jahrzehnte des 12. jhs.* setzen. Damit würde sich auch das vorkommen der ungenauen reime, des für das 13. jh. archaischen reimes *sout*: *vout* und die menge der auf das mindestmass des gleichklangs beschränkten genügenden reime vereinigen, wenngleich diese momente an sich nicht für die abfassungszeit eines textes massgebend sein können.

Übergangen ist die accentverschiebung von *úi* zu *uí*, da dieselbe mehr dialectisch und willkürlich ist, um ein kriterium für die abfassungszeit bilden zu können.

Zur Textcritik.

vers 98 lies *De la Virge et de li naschist.*
„ 335 „ *Privéement, sire un chose!*
„ 361 „ *Par leur pechiez ordoié sunt.*
„ 572 „ *Des pies environ et en lé.*
„ 664 „ *Car boens est et de grant pourpens.* hs. est.
„ 775 „ *Pour ce sui en terre venus.*
„ 923 „ *As gens serunt plus gracieus.*
„ 1797 „ *Il distrent, li puant revoit*
Que Pylates le soustenoit.
Üb. *revoit* cf. Tobler, Gött. Gel. Anz. 1874, p. 1049.
„ 2261 „ *Commencent soi à merveillier.*
„ 2278 „ *De mort en vie, or m'en crees* (cf. 3929).
„ 2590 „ *Entre les autres sunt alé.*
„ 2777 „ *Quant je te dis, quant tu fundas.*
„ 3133 „ *Enseignera li le povoir.*
„ 3309 „ *Les choses qui commencement*
Ont qu'eles aient fin apres.
„ 3539 „ *Et il feisoient le semblant.*
Que il nul mal n'estoient sentant.

Nachtrag.

Zu O: Von dem lat. *juvenis* sind wie auch sonst in franz. und pik. texten die verschiedenen formen *josne* 968 (*jovne*), *josne* 662, 1330, *juene* 3819, *jenne* 3970 zu bemerken. (cf. Knauer, Progr. p. 18 und Suchier, Gram. § 28.)